Neue Dörfer

poetenladen

1. Auflage 2023
© 2023 poetenladen, Leipzig
Alle Rechte vorbehalten
ISBN 978-3-948305–21–5

Umschlaggestaltung: Franziska Neubert
Druck: Pöge Druck, Leipzig
Printed in Germany

poetenladen, Blumenstraße 25, 04155 Leipzig, Germany
www.poetenladen-der-verlag.de
www.poetenladen.de
verlag@poetenladen.de

HANS THILL

NEUE DÖRFER

KLEINE PROSA

poetenladen

Dorf, ursprünglich hiesz es wol so viel als zusammenkunft geringer leute auf freiem feld.
Grimm, Deutsches Wörterbuch

Das Einzige, was ein Autor können muss, ist warten.
Todd Lee Graham

Dazu muß man wissen, daß ›Commedia‹ von ›comos‹ (Dorf) und ›oda‹ (Gesang) herzuleiten ist, weshalb Komödie gleichsam ›dörflicher Gesang‹ bedeutet.
Dante Alighieri

I

1

Die stofflichen Dörfer

1

Das nächste Dorf, drunten, drüben, angenehm, nützlich, ich suche in meiner Erinnerung nach dem Balkon und den GARDINEN. Ich habe ein Akkordeon umgeschnallt und soll mich verbeugen. Das Dorf atmet und bläst, es hat Kalorien verbraucht, der Kühlschrank ist leer. In der Frühe ging ich die vielen Kilometer auf der Landstraße zum nächsten Ort. Es war Krieg, also man warf die geschälten Kartoffeln übern Rhein. Jahre danach sah man die Häuser geblümt und zerschossen, die Hunde lagen an Kettchen, der Hühnerdieb stahl sich davon.

2

Das nächste Dorf am Eingang einer Ebene aus Kohle, Ameisen, Eisenbahn. Wo die GERANIEN Wache stehen und vorm Scheuertor gelispelt wird. Hier herrschte die Logik der Topographie bis in den Keller hinein. Die Leute geschäftig überall. Kuckum: Alle Dörfer bleiben, ihr Zeugleute! Man möchte schlank werden im Schlaf. Mit der Stirn ist denken kein Problem, dahinter läge ein Treppenhaus für Kratzfüße.

3

Das nächste Dorf an die Wand gefahren vom Wüterich. Ein Pferd, das sich noch immer den Kopf stößt. Gegen die HÜTTEN dieses Weilers ist ein Haufen Steine ein Palast. Er besteht ganz aus dem, was man in ihm vorfindet, nichtmal Wittgenstein bekäme da mehr zusammen. Vielleicht liegt der Staub etwas gröber in der Hand und das Mehl schärft die Zähne? Vielleicht gehen die Eingeborenen stolz zu Fuß, aber wohin? Anderswo ist das Gras etwas weicher. Hier sind die Mauern mit Glasbruch verziert. Anderswo wäre Viet-nam-nam oder Chemnitz oder sonstwas los. Die Elefanten gehen zum Sterben, sobald es nicht mehr mundet und zwischen den Zähnen knirscht. Die Mäuse singen.

4

Das nächste Dorf hoch oben in den
Lüften, die Hosen der Leute aber mit dem Boden zwischen den
Knien. Unser WAPPEN ein Rabe vor einem theoretischen Hügel.
Eine Frau, die unterm Mantel einen Würfelbecher trägt. Wenn sich
die Dunkelheit zusammenzieht, liegt das Dorf schon müde im
Speckgeruch. Wir sind die Bohnenbeutel, wir bleiben noch wach.
Rabelais kriegte den Hals nicht voll, die blöde Gosch kriegt den
Hals nicht voll. Montaigne wäre zugange auf einem spitzen Berg,
eine Drolerie wie ein Esel an der Orgel. Le pauvre Holterling? In
Aquitanien wächst der Efeu die Wände hinauf und hinunter, hier
aber ist man schon oben und hört es donnern oder man wird von
den Knechten verbellt.

5

Das nächste Dorf, blühend und
geleckt lag es im Korn, gleich würden noch die Herren des Mor-
gengrauens kommen, um den Leuten den MÜLL zu stehlen. Die
Bewohner mal hart, mal schmusig, je nach dem Licht, das aus einer
Konserve zutage tritt. Wir schneiden uns mit Blech in die Hände,
wenn das so weitergeht, wachsen uns die Tomaten direkt in den
Mund. Wir sehen das Gestrüpp nicht, wir straucheln und brechen
uns die Gräten. Das Dorf könnte vom Umriss her ein Fisch sein,
aber dann läge der hl. Markus unter Tauben begraben, die wischen
mit den Flügeln den Streit aus der Luft. Wohin mit dem Dorf, wenn
uns das Korn nicht mehr trägt? Wir machen auf *Zimzum*, schicken
es mitsamt den Viren zum Anfang zurück.

6

Das nächste Dorf steil und kraftlos
in einem Tal, wo man nicht geweckt wurde, es sei denn durch die
Wiederkäuer auf den Weiden des Vorstehers. Wir schliefen, schliefen,
dann krochen wir auf allen Vieren die Berge hinauf, um oben ein

Plätzchen zu suchen. Irgendwann war die Baumgrenze erreicht und es gab den Schatten nur noch aus Stein. Wie dunkel hier der Granit war, verlassen von seinen Oberdörflern, die in die Ebene ausgewandert waren, um Gepäck zu SCHLEPPEN oder den Kuhreigen zu TANZEN, wo auf Singen der Tod steht. Die Krume ist hier mit Seen durchsetzt. Viele Leute kommen bloß her, den Blick kucken, und dann sind sie wieder fort wie die Eisenbahn der früheren Zeit.

7

Das nächste Dorf aus dem Zusammenhang, wie es dir gefällt. Ameisen, ein Sommer ins Wasser geschrieben, an der Türklinke wimmelt es von Leben, das keinem gehört. Die KOFFER gehen nachhause, die Hirse geht nachhause, die Rauchsäule geht nachhause. Erzählt ist erzählt. Ich möchte nochmal das, wo die Papageien uns überleben. Das Dorf jetzt in der späten Sonne, die Arbeiter kommen von den Feldern, dieses Jahr will die Erde nicht richtig greifen. Die Häuser rücken sich zurecht für die Finsternis, die ganz aus heißem Teer besteht. Auf den Feldern herrscht seit jeher das Pflanzengift. Tu was dagegen.

8

Das nächste Dorf mit seinen Bewohnern, mal kleidsam, mal handzahm, Zeugleute, die, wenn sie beisammen saßen, krass redeten und Altkleider rauchten. Man aß nicht viel Grünes und die Höflichkeit hatte das Weite gesucht. Sie kam dann zurück mit den Leuten von der Mission, Brüdern aus Herrnhut, die waren mit Büstenhaltern unterwegs. Es war nicht viel verboten, nur sich anfassen, im Schlamm liegen zu so vielen wie in Woodstock einmal. So ackerte man ohne Maschinen, zur Not im Bernstein. Mit der Nadel ging man hinaus, solange die Felder nicht bunt waren. *Sooner or later* war der Wald vernäht, weil auch das BRÜTEN nun untersagt war, die Bäume aber krude oder knorrig in ihrem Rindenkostüm.

9

Das nächste Dorf, auf einer Karte zu kurz für meine Finger, im Morgengrauen ein paar Inches, dann war es schon vorbei. Wie die NAS DES MANNES, so auch sein Johannes. Wie kommt man voran, gegen all die Millimeter? Ungeduldig standen wir an der Stelle, wo das Dorf existieren sollte. Klar, man war nicht scharf in diesem Winkel, die Türen standen offen. Zur Hälfte ein Campus, das heißt, die Hecken halten die Fliehenden auf. Hier eine ziemlich genaue Karte zum Beispiel von meinem *indoor* Gehirn. Das Dorf also prekär und zu kurz, ein Blitz. Es steht in keinem Lexikon begraben, denn es ist mal da, mal nicht, und das keinesfalls viral. Allenfalls kann es mit dem Gewicht wuchern, das uns in die Erde drückt. Dich tät ich nichtmal anal. Dich täte ich dörfeln und dann wärst du schon dürr. Es ist vorne kein Porno und hinten beginnt schon das Gestrüpp. Wähle drei drei drei auf dem Telefon, wähle drei drei drei und du hast mich schon.

10

Das nächste Dorf auf einer frommen Ebene gelegen, nicht wirklich eintönig, aber schmucklos die Hütten, weil von Aposteln gebaut. Der Freitag gehörte den Wespen, die an der MINZE lecken. Die Leute, noch jung, sitzen direkt auf dem Bürgersteig und schauen vor sich hin, wo sich die Getränkedosen langsam Richtung Fahrbahn entleeren. Groß wie ein Wald ist der Schatten meiner Liebe. Ich schreibe es in den Mond, der den Hunden ein Spiegel ist. *Vitam impendere mori*. Jetzt beschauen sie ihr Schuhwerk und es zieht Regen auf. Jetzt werfen sich die treuen Doggen gegen die Wohnungstür. Mit den Aposteln kam die Umkehr in die Welt, die roch schön nach Hortensien mit Hostiensalat.

11

Das nächste Dorf bewohnt von Geräuschen, die zu keinem Ohr gehören. Es ist, als würde die eine Minze immer von derselben Biene besucht. Ein Schleifen aus Schmirgelpapier, ein Hausmeistergebläse und wie gesagt heuristisches Seelengeheul aus HERMETISCHEN HÜTTEN. Das kinetische Mädchen, dessen Gesang beinahe ein Lachen geworden wäre. Erzählt doch nicht von biederen Siedlern aus unmöglichen Gegenden, zeigt lieber was vor. Ich warte, ich warte. Die Schwester der Biene. Der Fluss will nicht rauschen, mir wird übel und faul. Erzähl mal was, Zeitung lesen kannst du, wenn du tot bist.

12

Das nächste Dorf bewohnt von Geräuschen, die zu keinem Ohr gehören. Was tun, wenn ich aus ihm heraus bin? Bin ich dann noch ich? Es ist ein Hausfrauendorf mit Je-Länger-Je-Lieber als Zier der Blumenkästen, die der Sanjoséschildlaus als Nahrung dienen. Ich trüge eine Schildmütze mit einem Chip als Schutz vor dem Lärm oder dass ich den Schildkrötenteich nicht betrete, wenn es nicht brennt. Ich bin nur ein Trittbrettfahrer der allgemeinen Fleischlichkeit. Wie Alkohol schießt der STROM durch die Leitungen. Bin ich endlich im Freien, nackt bis auf mein Wissen? Mal kleidsam, mal handzahm: Bin ich der Hut meines Bruders?

2

Die klassischen Dörfer

1

Das nächste Dorf, ein Konti-Hafen, früher baumbestanden, jetzt abgeholzt und umbenannt. Ein vertikaler Wind kroch aus dem gestampften Boden über die Plattformen, überfüllt mit Telefonleitungen und Kabelbäumen gegen die Welt, gegen die Heimat, gegen die einfachen Leute, denen vor Neid das Frieren gefällt. Hier galt Kälte als Ratgeber, noch besser aber die Angst. Verwinkelte Gassen öffneten sich auf einen PLATZ, dessen PFLASTER schon tief eingesunken war von dem großen Gewicht seiner Bewohner. Wann kommen wir endlich in eine Stadt? fragte so ein Kind, das seinen Verdruss aus dem Erdreich zog wie aus zu engen Schuhen. Sei artig, Mohammed, sagte die Mutter. Tu dies nicht, tu das nicht, sagte Khadidja.

2

Das nächste Dorf verwinkelt und verzweifelt, in seinem Innenbezirk fast schon eine Stadt. Draußen standen die Leute auf der Straße und rauchten sich dünn. Man selber war auf dem Stachus anzutreffen. Die Gedanken kommen einem entgegen auf jungen Beinen, wie es sich für Schlaumeier oder Schmuser gehört. Kluge Leute ernähren sich von RESTEN aus Restaurants und alten Sachen aus Altenheimen, sie reden auch ständig darüber. Geile Leude gibts vielleicht genug, aber leider nicht hier, wo der Horizont spektakulär und krass korrekt ins Wasser fällt.

3

Das nächste Dorf hatte sein Leben vertan mit Dalli Dalli, *all together now*, nostalgischem Schunkeln in den Zelten. Später würfelte man um Gewänder und stach sich mit Darts. Trink Wasser wie das LIEBE VIEH und denk es wär Krambambuli. Am Dorfrand war man aber schon im Holrundermodus: viel Fleisch, wenig Klamotten. Als habe man mitunter gezecht. Oder pflegte man Kameradschaft mit den Tieren der Welt? Nie kann man wissen, wo der Baggersee endet und wann der Wein aufhört. Wo steht das Telefon des Teufels? Wenn es jetzt klingelt, ist es der Dokter oder die Bank? Das Dorf war versunken in Pergament, ein Zettelchen am Rücken eines Corpus, *recte, verso,* Lotterbibel.

4

Das nächste Dorf ganz aus roten Buntsteinen, mehr oder weniger wie Lüttich zur Zeit der Merowinger. Laut wie ein Radio auf der Autobahn. Die Nibelungen klirrten mit ihren Weißwaffen, als im historischen Kern der rote Astra rücklings in die Lücke kroch. Des Morgens IN DER FRÜH, die Haut war noch schuppig, man holte die Füße durchs Fenster herein. So schleppt sich die Semantik den Organen hinterher. Überfetz das mal, mein alter Kalahari. Oder sei halt unser Rübenhobel, nicht so sehr Mündel, sondern beizeiten Rübsal ohne Müh.

5

Das nächste Dorf, Fachwerk, fett und schwer auf dem festen Mutterboden. Du ziehst dir die Socken an, aber sofort. Die Sachen oder die Socken? Ein böhmisches Dorf lag anderswo, auf einer Spargelspitze neben den Raketen über Neuss. Nimm die FINGER aus dem Mund. Mach den Mund zu. Man muss sich schämen in einem fort. Ich kann nicht noch mehr Pommes essen (Hummelt). Stimmen aus dem Wald, wenn da nicht noch so ein Dorf ist. Eine Rakete stieg auf und verreckte hoffentlich in der See. Mein Onkel spannte den Schirm auf drüben in England, und seit wann ist das Meer ein Plastikparadies?

6

Das nächste Dorf, Fachwerk, fett und schwer auf dem festen Mutterboden. Die Veronika wohnt gleich im zweiten Haus. Sie sagt die Zukunft aus einer Flasche und einem Hasenbrot. Die Tse-Tse-Fliege winzig klein, sticht sie dich, dann schläfst du ein. Es sind die Lebenden, die den Toten in den Ohren liegen. Ich verstehe immer nur Koch, Haumichkäse. Captain Kirk und seine Mannen verwandelten sich in eine Schweineherde. Wir landen bei den Dorfmücken, wir führen ein Honigprotokoll. Veronika ist jetzt müde. Wir packen den Wunsch beim Schwanz. Wir landen mit der Enterpreis auf einem Stern mit einem intelligenten See. Ubu dreht sich zur Wand, Zeit zu schlafen, ubi UBU ...

7

Das nächste Dorf, ganz donauschwäbisch oder Bodensee-*something,* tut nichts, macht nichts. Weil es war in Kälte gezeugt, in Kanada. Schlag mal nach. Was heißt Dorf auf Irokesisch? Und was juckt das die Inuit? Dann lieber ein körperloser Nobody als so einer wie Sie! Es gab ein IGLU, in dem nach jedem Schritt gefegt werden musste. Die Leute trugen Anoraks, aßen ihre Wörter, die auf der Zunge vergingen wie Obst. Sie trommelten und klangen hohl, sie hatten alle Organe verkauft. Wir machen was zum Lachen, dann ist es kein Produkt. Wir machen aus der Donau einen Weiher und schwäbeln darin.

8

Das nächste Dorf ein Kraftwerk an Quatsch, humoristischer Homer. Kritik der Zimmer, der Kameraden, der Kerle aus echtem Holz. Kritik der RÜBSAL. Glaubts oder glaubts nicht, hier zahlst du Zentimeter für Zentimeter deine Witze ab. Wir sind nicht aus einem Guss. Das Dorf ist ein Sammelsurium aus dem Koran, Türme, Türme, von denen kreischende Lautsprecher ihr Gotteslob singen. Unsere Vorfahren, unfertige Menschen, ohne Quatsch wären sie nicht groß geworden. Ist der jetzt flüssig oder bindet er ab? Das Dorf liegt neben einem Wörterbuch, oder vielmehr, aufgeschlagen liegt das Buch auf dem Dach des Bahnhofs im Nachbardorf. Ich habe es gesehen. Die Leute hatten Fahnen rausgehängt, man weiß nicht, wozu. Wer ists, der dieses Quatschdorf preist? Es anreichert und wieder ausscheidet als Immofanz?

9

        Das nächste Dorf, eintönig wie
schon bei den Grimms: Obere Straße, Untere Straße, Mittelbad.
Von dort kamen uns um HALBER ELFE, ELFE die Ladies entgegen,
ins Gespräch vertieft, also ständig *like* sagend wie in den Staaten,
wo man aus zu großen Tassen trinkt. Immerhin vergingen die Aben-
de mit Edelkirsch und am Schlehenfeuer briet man ein Korn aus
der Prairie. Grashalme, Glasblätter in Heidelberg. Das war bevor
der Staub wie eine wilde Herde aus dem Norden kam. Das war im
Jahr, das nur aus Minuten bestand.

10

        Das nächste Dorf Karl der Kahle,
oder Friedrich der Siegreiche? Männer breitschultrig zwischen den
Zeilen im Sommer, im Winter glich der ZINKEN einem Soldaten-
friedhof. Bei Regen stand der Karfreitag vor der Tür, fast eine ganze
Woche zargen, rostige Lanzen, faule Fleischlosigkeit. Also Jesus
erwacht in der Höhle. Die Frauen wollen ihn nicht erkennen, auch
nicht den Engel, der hinter ihm steht. Jesus fährt nach Indien, während hier im Keller die Kartoffeln gären, und die Leute beten den
Judas an: *swing low, sweet Iskariot.*

11

        Das nächste Dorf umgeben von
einer Hecke Rhabarber, ein glückliches Babylon. Der Säugling und
seine Mutter, immer kürzer wird die Kommunikation. Was sie alles
zusammenkaufte. Niemand wollte das essen. Es liegt wie ein Schatten vor uns, wenn wir die Kühlschranktür öffnen. Happy Day! Es
hängt noch und riecht sauer zwischen den Stängeln, abgefallene
Wäsche, ausgesprochener KRAM. Im Handgemenge mischt sich die
Geste mit der zur Verfügung stehenden Bedeutung. Eine fluide Zeit,
aber ohne Fische drin. Quatsch nicht, Krause, red doch nicht wie
so ein Bogumil daher.

12

Das nächste Dorf in Vorzeiten hart
umkämpft, heute lohnt es sich nicht, den Weiler zu zerstören. Das
Dorf, damals aus Holz und Steinblech erbaut, war einmal grausam
gegen jeden Mundraub, aber jetzt tut es ihm leid. Am Bahnhof wur-
den die Züge umgehängt, das Landgericht tagte in einer nahen
Beinahe-Stadt wie Hamm. *Tuba sonans sancti spiritu*, Maulposaune,
Mundorgel, ich halte den TENOR als einen Akkord in der Brust. Das
Dorf immer stolz auf die Urteile, die hier gefällt wurden wie Fichten,
Tannen oder Antennen, verzeih und vergisses, jetzt tut es ihm leid.

3

Die unwahrscheinlichen Dörfer

1

Das nächste Dorf gleich unter dem großen Belchen, gleich neben meinem großen Zeh. Hier ist alles getäfelt und es wimmelt von Getier. Wenn die Luft nicht so schwer wäre, gingen wir in Flip-Flops nahe Grönland vorbei. So aber sitzen wir auf gestampfter Erde und zeigen das Innere unserer Hüte vor. Das Ding atmet, es ist aus Frauenstimmen gebaut. Überwachen und Strafen, hier ist eine Stille wattiert mit Gebell. Es duckt sich, es hat kein Fell. Wir wären Delphine, man könnte uns an unserem Lachen erkennen. Wir WÄREN eine Zeitung oder deckten uns damit zu. Im Konjunktiv kann man nicht bleiben, aber man kommt auch so nicht voran. Sind hier die Vogesen? Ist dort die Biskaya oder sind die Mützen auf Läusebeinen unterwegs?

2

Das nächste Dorf ein Wald unterm Siebengestirn, besiedelt von Stinkstiefeln und Wildfrauen. Drei Tage unter Wasser marschiert, immer ein Stück trockenes Brot in der Hosentasche. Die Gliedertiere verstecken sich unter Laub, der Wilde Mann verbirgt sich hinter der Geschwindigkeit seiner Waldläufe. Links geht es ans Ufer der Queich, wo uns die EINFÄLLE DAVONSCHWIMMEN. Rechts führt eine enge Pforte tiefer in die Steppe. Was der Homo rodet, essen die Nachzügler auf. Wir leben auf den sanften Rücken des Siebengebirges wie Schafe in Erwartung des Löwen. Es ist ein Paradies mit Fähre, anderswo liegt eine Stadt am Rhein, wenn dort der Arp wohnt, kommt er vielleicht mal vorbei. Ist er motorisiert? Wird er von Schimpansen durch die Steppe getragen? Einsilbig ist er und kämpft sich durch die Zeit. Wir sind Zwillinge auf den Schultern des Erectus, wir stammen aus Mauer und wachsen bald zu. Auch das Moos ist aus Mauer, in der Nähe stehen Pferde und glotzen romantisch wie altes Stroh. Auf den Bergen ist es kühl, obwohl hier die Kelten den Eisenstein geschmolzen haben. Unser Name wäre Harfe, wir hätten Tomaten auf den Ohren, die verkaufen wir als Information. Unsere Augen gehören der Loreley, genauer gesagt ihren Booten. Blonde Boote, direkt aus dem Vater Rhein, frisch geräuchert, eine von den Sieben Köstlichkeiten im Bahnhofsviertel von Huidobro.

3

      Das nächste Dorf erbaut im Präsens, ein Regenguss im Sommer zieht sich wie so ein Flecken, der sich zuweilen zwischen Hügeln verbirgt. Wir leben an einem Sonntag, das Lamm hat die Schlachtbank schon hinter sich, erst spät tritt der Glockenturm aus einer Senke, die Wege führen ins Wirtshaus zu bitterem Bier. Auch Frauen haben Humor, am Sonntag schläft ja der strenge Gott und wir sind die Mäuse auf den Tischen. Ich ist ein Kind in diesem Weiler des VOSAGUS, jetzt steigt schon die Kühle mit dem Edelzwicker aus der Tiefe und macht sich breit. In der Gruft sind die Kaiserinnen gefangen, auch wächst ein Bart durch den Stein, dem mal eine Gegenwart beschert war, weich wie ein Zentaur, der nicht auf zehn zählen kann. Ich ist ein Kaiser, aber das war alles einmal. Im Kyffhäuser lässt er sichs gut gehen, ob der nochmal wiederkommt, wir hätten Verständnis, wenn nicht.

4

      Das nächste Dorf hielt seine Tiere in den Straßen, die Bewohner waren einfach so über die Hügel verteilt. Man machte Musik mit der Hand und schmatzte beim Essen. Hatten wir nicht schon viele von der Sorte? Es ging ein bisschen rauf, es ging ein bisschen runter. Wie überall hatte man auch hier die Kirche abgebrochen und zu groß wieder aufgebaut. Die Mauern ein MISCHMASCH wie das Geselchte oder die Geschwister Grimm. Ich bin der Meister, du der Geselle, ich esse die Wurst, du die Pelle. Nur fürs Getier war der Gesang der Straßen. Nur für die besten Briten gab es eine Realität. Man spürte einen Gedanken, mochte ihn nicht aufkommen lassen, er hatte sich schon so oft gezeigt. Wie ein liebgewonnener Nachbar aus jenem Dorf, das sich schmückte mit Hühnerkot und irgendwelchen Küken. Und mit Schuhen, geboren aus einer Kuh.

5

Das nächste Dorf, in den Gärten
eine Blaufrucht für Johann, eine Aubergine für Oskar, gewachsen
an Stangen und vom Hagel verprügelt. Es gibt solche Dörfer, die
stehen im sprachlichen Kleid. Komm, lies mir was vor. Melanzane,
der Apfel für Ungesunde, also eine Krankheit fürs Trommelfell,
keine Frage. Das Dorf hatte eine Mitte und mindestens eine Peri-
pherie. Die Häuser sind rasch gebaut und stehen dann leer. Einige
Omas gehen in Schürzen durch den Borgo, der ihnen EINE WELT
ist. Sie stellen den Hungrigen Brei vor die Tür. Sie liegen im Schlaf
und schrecken dann hoch. Aus ihrem Mund ist das P weicher, als
wenn man es verschluckt. Im Innern dann Dr. Hook, Tritte in deinem
Gehirn.

6

Das nächste Dorf simpel und echt
wie Schiefer, die Unterkünfte bunt in den Lehm gebaut, mit der
flachen Hand aus Sand modelliert, wie das Kairo des Salah ed-Din.
Graue Dächer in einem Gebirge aus Gestrüpp, Schüsseln oder
ANTENNEN. Der schwarze Granit wuchs anderswo, ein Bestatter
hat ihn herbeigeschafft. Die Vorräte waren verbraucht, es gab eine
Beerdigung, schwarz wie Schuhkrem die Gesichter der Trauernden.
Die Menschen wurden gebacken von einem vergesslichen Gott. Zu
früh dem Ofen entnommen, zu spät aus der Glut geholt, die flat-
terhaften Engel fächeln mit Palmzweigen. Unser Dorf, klapprig wie
zwanzig Tegel, am Ortsrand Mühlen, die alles zerkleinern. Hier
spricht der Ziegelbrenner sein nützliches Wissen. Weder Gott noch
Meter, so heißt es bei Hans Peter Duerr. Derweil wird der Schiefer
von Zwergen in die Schule getragen, dort bleibt er erstmal, verziert
mit einem Schwämmchen, aber irgendwann geht er entzwei.

7

Das nächste Dorf simpel und echt
wie Schiefer. Versteckt zwischen den Hügeln wie die Zeilen in einem
Zeitungspapier, stell dir vor ein Berg EVEREST an der Bahnlinie kurz
nach Fulda. Suchs, du hast keine Chance, es wird von Katholen auf-
geweicht und zu Bütten gepresst, heiliges Bohnenstroh, *auf dem
Berge von Karpatzich, großes Baum gestanden hatsich.* Suchs, es
ist die peinlichste Schicht im Pleistozän, als die Deutschen noch den
Knoblauch fürchteten. Ich möchte es durchwinken, wie mancher
Geselle das Jahr 23. Es ist schwer von bauchigen Eisenbahnbähn-
lern und hähnchenkillenden Wildleuten, die wie Füchse durch die
Zäune schlüpfen. Suchs und stell dir vor, du hättest es nicht getan.

8

Das nächste Dorf aus Holz, Glas und
allem, was dazugehört, in einem Meer aus runzliger Erde. Hier
musste man durch, wollte man zum Parlament der Dinge gelangen.
Heimat der Fenster und Türen, Heimat für die paar Alten, die hinter
dem Gespann den Tag verbrachten. Sie rochen ein bisschen nach
Kopftuch und waren schlecht rasiert. Draußen ein Pflügen mit Och-
sen und allem was dazugehört. Drinnen ein Pflücken und Zupfen
und abends flocht man sich einen Topf. Die Alten kriegten die Kurve
erst um sechs. Bei jeder Wende wollte das Gespann zerspringen,
es war zu viel Musik in der Krone und das Metall stumpf wie seit
Jahren nicht mehr. Wir Vielen trampelten die Straße zu Asphalt.
Geradeaus ist gut pflügen, für die UMKEHR braucht es ein Schwert.
Ich bin nicht gekommen, um euch den Frieden zu bringen. Ich
spucke die Kerne, ihr tanzt dazu im Heu.

9

Das nächste Dorf, man vergisst
immer, wo hier der Haken ist, wo es sich krümmt, und ob das warme
Wasser von rechts oder von links aufzudrehen wäre. Es gäbe noch

tupperware, die allenfalls ein Henker aufkriegt. Haus und Garten sind eins. Zum *trout-fishing* ist der Teich zu still. Es ist auch für die Staaten zu zugig. Ein paar Gänse drumrum, noch aus der Zeit von Arnim und Armin. Die beiden hätten allerdings die FLINTEN hervorgeholt und der Arnfrid hätte dem Apollinaire auf den Zahn gefühlt oder auf die Zehen getreten und herausgekommen wäre ein Apoll. Setz dich in die Sonne und mach einen Mund, der deinem Rachen entspricht. Sei wie der Donath ein Schmied. Schalte das Nachtlicht aus, geh im Dunkeln nachhaus. Wäre noch ein Grasland da, sollte man es finden können, und, leiblich müde, baumeln lassen, als wäre man ein Zerberus oder ein Zebrakanal.

10

Das nächste Dorf kommt daher mit einem Namen, wie mit zu kurzer Zunge gesprochen, ähnlich einer Vertröstung auf etwas wie Bald. Mit Holterdipolter (Allemann) ist der Ursus über die Grenze gegangen. Die Bullen hielten ihn für ein Brautpaar mit Dosen hintendran und dann hatten sie das Nachsehen. Für eine Zeit verhielt man sich unauffällig dort im Sursilvan. Es lag jetzt an einem Steinbach, blähte sich und schrumpfte. Abends hingen Mädchen im Gestrüpp, die Burschen pflückten Baumwolle und an den Felsen wuchs ungestört das haarige Edelweiß. *Urs und seine edle Rott / bis in Tod bekennet Gott.* Sie kamen von Theben und waren ZU SIEBT. So steht es auf der Kapellbrücke aus Brennholz und über der Reuß, die hier aber nicht in der Nähe liegt, so leid es uns tut.

11

Das nächste Dorf, die Leute schüchtern wie hinter einem Vorhang gezeugt. Für eine Anstrengung ist es zu leicht, denn es erstreckt sich über einen flachen Hügel bis hin zu einem Kornfeld, das seinen Klatschmohn vorzeigt. Schillers Garten ist nichts dagegen. Angebissen hängen die Äpfel an den Bäumen und die Häuser sind zwar spröde und alt, aber zum Wohnen reicht es gerade noch, solange man STÜTZE kriegt und ab und zu mal fegt. Ab und zu häufelt man auch eine Pflanze. Das ist dann der Moment, die Muskelpakete hervorzuholen bzw. den Bizeps hüpfen zu lassen, am Hals verziert mit fremden Zähnen.

12

Das nächste Dorf, schwierig da eine glatte Fläche zu kriegen. Mein Vater ackerte, ich zackerte, Mutter und die Geschwister strichen nach. Mitunter kamen ein paar Kartoffeln zutage, die sammelte man auf. Für Frankreich. Manchmal auch ein Auto, das vorbeikam, Cousins, die da drin saßen, die Handbremse war noch nicht gelöst. Es gab auch Berge in der Gegend, Höhengäste, halsbrecherische Kurven mit zertrümmerten Bikern, Baden-Baden halt, und gell, der Ruhestein schnarchte des Nachts wie ein halber Urwald. Der BATTERT war aus Porphyr. Um ins Bad zu kommen, musste man durch die Franzosen mit ihrem *Monn Schénéral*. Massu hatte eine Glatze wie Calvin, aber der Ort war auch ein bisschen bergig, schwierig oder schwer.

4

Die ortsüblichen Dörfer

1

      Das nächste Dorf, herbeifabuliert.
Wie der Organist oder der Lehrer saß ich noch hart auf MEINEM
STUHL, weil der Morgen nicht recht gelungen war. Das Dorf fiel
sofort zurück in seine provinzielle Starre, von anderswo kam noch
ein kleiner Wind auf. Wieso entrinnt man nicht seinem untröstlichen
Bett? Wieso reißt man die Zeilen, treibt sie mit dem Turnbull ins
Viertel jenseits der Hütten, der Kerzen, der rechtwinkligen Orgel-
musik? Waren wir Zuckerle oder nicht ganz so überkandidelt? Ging
uns die Tinte aus, kursiv, intensiv, oder war es nur das Futter? *Fabu-
la docet*, einer Fabia direkt hinten auf die Stoßstange gekracht.
Oder wars ein Twingo, der mit den Augen so blinzelt? Einen Humor
braucht man nicht, um all die Hunde zu halten, man braucht nur
Fleisch, das ihnen schmeckt.

2

      Das nächste Dorf dehnt sich, dehnt
sich über Stock und Stein, Wanderer tritt nicht daneben, tritt mitten
hinein. Es ist wie seine Sprache, die sich dem GELÄNDE anpasst,
aber man darf es nicht zu sehr strapazieren, sonst reißt es dort, wo
jetzt der Bach ist, und die Forellen fallen durch. Warum es seinen
Namen trägt, weiß man nicht. Man weiß auch nicht, warum das Brot
feucht sein muss im Topf, um gegessen zu werden. Hanebüchene
Stretchsiedlung, Elastofixo, Fixoflexo, unwillkommene Stelle in
deiner Bio, die du lieber heute als morgen vergessen haben solltest.

3

      Das nächste Dorf eine Beute der
Schwalben, denen Vieh hin, Vieh her, die Mücken abhanden gekommen waren. Es war Krieg, also zur Not hätte es auch ein Düsenjäger
getan, Rammstein war nicht fern, der Bocksberg, alle Verliese des
Spießadels. Die Schwalben machten den Winter, den Sommer, sie
machten alles. Das Dorf eine Beute der Formlosigkeit, aber zwischen

den Scheunentoren wurden auch echte Behausungen sichtbar, es öffnete sich die Perspektive auf Morshäusers Hof nach hinten zu, noch weiter, wo sich die Kappesgärten erstreckten, die ohne Unterbrechung zum nächsten Weiler führten, an dem die Krähen kratzten, als läge SALZ vorm Haus. Die sahen Dorfmücken ähnlich, aus der Anonymität geholt von Mona, die natürlich immerzu umsummt und umsummt.

4

Das nächste Dorf, am Himmel kreisten dreieckige Vögel, die kreischend hinabstießen, um spitze Mäuse zu verspeisen. Die Maus ernährt sich vom Korn, die Obrigkeit schert sich einen DRECK, die Ratten fressen die Obrigkeit bei lebendigem Leib. Wir betraten unser Dorf in Hemdsärmeln, wir verließen es mit einem Schirm. Die Obrigkeit hatte es an Württemberg verschenkt, hier wächst ein dreieckiger Traminer nicht weit von der gleichschenkligen Kirche, die in runde Hügel gebettet war. Der i-Punkt ist der Vogel über der Wiese der Schrift. Die dehnt und streckt sich übers ganze Drei-Länder-Eck voll Niemandsdreck, den keiner hat, der keinem gehört.

5

Das nächste Dorf wärmte meinen Leib, wir waren schon erschöpft zutal gefahren. Meine Kumpels schwitzten bei der kleinsten Anstrengung, nicht wie die Mädchen, die unser Gepäck auf dem Kopf trugen, schweigend vor Mühe, aber in der Anmut ihrer Bewegung erfrischt. Uns war das Frieren ein Schicksal, wir hatten Baumwolle am Leib und die Dörfler verbrannten einen halben Wald. Im Alphabet waren wir jetzt erst beim E. Wir waren vielleicht eine Erfindung von Leuten mit zu viel Phantasie? Die Dörfler verbrannten alles zu GELD. Wir sahen es, lasen es aus dem Weiß zwischen den Zeilen, wenn rechts was freibleibt. Als Kind liebt man die Stadt, deren Plätze dem Atemholen nicht förderlich sind. Die Dörfer möchte man allein lassen, sie sollen schwitzen oder Speck schneiden bis jemand kommt. Wenn er sie auffordert, haben sie von dem Tanz nie was gehört. Es gibt auch keine Musik in solchen Gefilden, wenn man die Trommel nicht schlägt oder irgendwo stolz ein Zündholz anreißt.

6

Das nächste Dorf wärmte meinen Leib. Erfindung des Rads, Erfindung der SCHLANGE, die sich rollt. Erfindung des Selbst in der Scheune, Erfindung der Liebe auf dem Heuwagen. Die Frauen bearbeiteten den Boden, die Männer zogen weiter, wenn es nichts mehr zu ernten gab. Erfindung des Seils als Ebenbild der Schlange. Erfindung der Deichsel, um gezogen zu werden.

7

Das nächste Dorf, langgestreckt an einem Mittag unterm Mond. Ein Bach, dunkel wie DIESEL, schleppte die letzten Nassvögel zum Weiher hinaus. Die Hütten nah bei nah wie Bakterien einer Kette. Drinnen saß man ernst in der Runde und spielte Republik. Wie fest waren die Köpfe auf die Schultern geschraubt? Heimkehrer kamen über Straßen aus Fett und Filz. Es gab jene Räume der abgestandenen Materialität. Die Frauen in Röcken, die Männer mit umwickelten Beinen, alte Zeiten, die schmecken nach Honig und Motten. Der Lulatsch, trügerisch wie aus Pantoffeln gerieben. Die Farne wuchsen dem Mond entgegen. Manchmal kam etwas aus der Erde, das sehr laut sang. Es war, wie gesagt, der Vollmond am Himmel und die Milch wurde sauer, kein Wunder bei diesem Lullus, der nur so von Latten kracht.

8

Das nächste Dorf, verbraucht durch die Kohle, aufgeschreckt fast täglich von der Sonnenenergie. Man

hatte ein LÖFFELCHEN für Politik und eins für die Religion. Regnete
es Brei, regnete es Brei. Die Mutter sagte: Das ist mal was anderes,
mit Kümmel. Die Mutter sagte: Finde dich in deinem Mund zurecht.
Es schneite im Winter, man band Sträuße, man band Besen. Eine
Linde blühte, ein Brunnen wurde eingeweiht, irgendwo schnitt sich
der Absinth die Ohren ab. Die Mutter sagte: Was hier eine Kerze
wäre, wird in der Südsee Elektrizität. Der Pagurus sagte: Gauguin
ergriff die Flucht, fand zum Glück eine Insel (Burkhard). Wo die
Sonne ein schwarzes Wunder ist, laust man sich im Schatten. Wo
man sich an seinem Atem erfrischt.

9

Das nächste Dorf, ein alter Mann
steht so abgeneigt am Glascontainer. Er trägt ein grobkariertes
Jackett. Jawohl, maisgelbe Zigarette, Mundwinkel, Baskenmütze
aus den Vogesen. Ein aufgebackenes Baguette unterm Arm. Weißglas, es blendet mich die Sonne. Grünglas, es kommt eine große
Kühlung. Braunglas, *Hazelnut*latein. Die Glocken läuten den getrun-
kenen Traminer. DER OLLE blickt durch die getönte Brille auf die
Welt. Heißt sie Wolfgang, heißt sie Willi? Wir wissen, wo dein Auto
steht. Straßen, benannt nach Vögeln, die seither hier verstummt
sind. Ein Kerl, der Böses dabei denkt. Ein Teufel, der hier noch den
Kopf erhoben trägt, zu gehen durch die Menge wie ein kalter Gruß.

10

Das nächste Dorf *hiwwe wie driwwe*
geteert und gefegt. Bis an die Zähne bewaffnet, der Feldhüter auf
seinem Ausguck. Manchmal legt die Pfalz ab und schafft es übern
großen Teich. Meist bleibt sie an der langen Leine von Belgien, das
nie auf die Reise geht. Aber jetzt waren die Häuser auf Berge und
in Täler gegossen, reinlich gekeltert der umstehende Wein. Was
unter der Erde wächst, wird von den Leuten vergessen, sie lassen
die Bodenschätze schlafen und denken sich nichts dabei. Hüben

und drüben, eine Beziehung, die nicht lange hält. *So sieß un hallisch*, eine Hymne für Leute, denen etwas auf der Zunge KLEBT. Die Sprache macht gesprochen ja nie einen klaren Schnitt. Der Ernst Bloch ist ein Philosoph und LU ein finsteres Loch. Amerigo, ein Gockel, durch die Löcher seines Gewandes lugte die Eitelkeit. Sind wir jetzt schon hinüber oder ist das noch Teich?

11

Das nächste Dorf an St. Martin gerührt wie geschüttelt, getreten und verlacht. Leute hatten das Gelände in einer nassen Nacht gekapert, sie vertrieben die Bevölkerung mit Grimassen. Was isst du schon wieder, während ich hier spreche? Die Leute, die Leute, und DER FELSEN der Familie Grimaldi. Wenn der Sturm kam, verbargen sie sich unter Wespenpapier. Ein Bettler saß im Rinnstein und schaute zu. Herr Frost und Frau Frühlingsfee zeugen eine Schneeflocke, sie geben ihr Kind nach Bad Kissingen in Pension. Dort gibt es die elf Lippenlecker, ihre Pfeifen sind schon gestopft. Was passiert an St. Johann, wenn nicht ein Fest? Der Weinglüher, der Springfreuden, *denne Leit hots gfalle*, garantiert.

12

Das nächste Dorf, gesucht, gefunden in einer alten Flasche auf der Festplatte meines Gehirns. Es beginnt mit festgewachsenen Gräsern und Wackersteinen, die sich zu Häusern formen, wenn man, an der Zehntscheuer vorbei, Richtung Zentrum strebt. Waren ZWEI ALTE KUMPELS, die Schrift und das Geld. Die Schrift fließt, das Geld will sickern. Eine Lügenbrücke war über die Eisenbahn gespannt, sie verband uns mit dem Herzen des Landes. Man folgte den Gleisen, legte sein Ohr vergeblich auf den Schotter, *allwo der Pövel kriecht* (Opitz). Im Park alte Leute auf Bänken, die Tüten vollgestopft mit schweinischen Gedanken. Wir sind nur Schatten und Staub vom Schatten. Wir fressen uns rund, wenns auch kein Fleisch ist, das man uns brät.

5

Die südwestlichen weißt-du-Dörfer

1

                     Das nächste Dorf, weißt du, in der Eile von Riesen zurückgelassen. Was gedeiht da noch auf einem Zinken, auf dem Zotzenberg? Aus dem Berg wächst die süße Frucht empor, kurzes Obst, das der Norden nicht kennt, OHNE KERN, ohne Stiel, etwas zum Ausspucken, aber roh. Wir sagten: Quatsch mit Soße. Wir sagten: *Burg Niedeck liegt im Elsass, aus Sagen wohl bekannt.* Kaum hörbar die Sprache der Riesen, wenn sie sich einmal beschwerten. Man denkt an ein Krachen, aber es ist das Gebälk. Man denkt an Fuckwerk. Aber das wissen die Riesen nicht. Sie haben auch kein Spielzeug, nichtmal eine Eisenbahn von Märklin oder von Trix. Sie haben höchstens, wenn auch nicht immer, ein schwaches Nasenfleisch.

2

                     Das nächste Dorf, weißt Du, wenn man schon so weit gefahren ist, dass man es nicht mehr glaubt. Die Eingeborenen schreckhaft bei jedem Besuch, sie rasten aus, Gastfreundschaft einmal umgekehrt. Der Ort holprig, rund, ein paar SCHRITTE vor dem Gehtnichtmehr. Was hat man verbrochen, dass es uns jetzt so sehr graust? Verkrochen, versprochen, die Dorflogik ist einfach und streng. Am Waldrand liegt Werkzeug, eine verlassene Sammlung, verrostete Knochen. Wenn man eine Lupe hat, findet man das Dorf auf einer Landkarte. Hans Harfe und das Talreh oberwinterten in Remagen.

3

                     Das nächste Dorf, weißt Du, hinter einer Biegung ist schon das nächste zu sehen. Die Leute hier reden ZUERST DEUTLICH, aber am Ende des Satzes haben sie die Sprache vergessen. Die Dorfschule allenfalls provisorisch, der Pfarrer ein Kerl, Sohn des Kirschbaums. In ihrem Wald verzweifelt Frau Echo. Was reden wir hier und wurden am Ende selber verschluckt, wie die meisten Einsilbigen? Die sind doch schon tot, wenn sie nur bald wieder aufstehen. Der Beckett könnte das für Irland halten, aber es ist ein Weniges mit Korn, es ist nicht Frollein Froide, es ist die Heimat der Frogs.

4

Das nächste Dorf, weißt Du, man sieht es von oben schön in der Sonne liegen, wenn man aber endlich dort ist, ist die Dunkelheit bereits groß. Auch der STAUB nimmt gegen Abend hin zu. Die Nase stinkt. Ist es ein Schilda in Nottinghamshire? Hier streckst du die Beine aus, dort wirfst du die Arme in die Luft. Du gehst aufrecht, du bist vielleicht Homo Heidelbergensis, du bist der Pfarrer Oberlin. Namen tun nichts zur Sache, sie sind Ergebnis der Prädestination. Man isst, wie man arbeitet, statt eines Klingelschilds haben die Bürger einen Zypressenbaum vorm Haus.

5

Das nächste Dorf, weißt Du, man stolpert, sieht Sterne und dann liegt es plötzlich da, rund und pausbackig wie von einer griechischen Vase kopiert. Man nimmt es dionysisch oder ganz schlicht, aber zuerst muss man sich Socken anziehen. Ich werde DASITZEN und Bleistifte anspitzen wie Apoll. Man fragt sich, wo das richtige Ende des Dorfes sein soll. Weil man es nicht umdrehen kann, geht man schließlich weiter, man ist eh schon hinaus. Archilochos ist noch in der Kirche? Seine Predigten sind gefürchtet und lang. Es gab schon Familien, die danach den Tod suchten. Sollen wir nochmal zurück? Trägt er unterm Sackleinen ein samtenes Wams? Dann traktieren wir ihn mit Fäusten und Sandalen, wie damals den seifigen Savonarola, der jetzt noch davon stöhnt, wie damals der Heilige Habib.

6

Das nächste Dorf, weißt Du, Du
kannst es besuchen, ich bin ohnehin nicht mehr da. Die Leute
gehen herum, bleiben stehen, Männer und Frauen. Es ist wie im
Schlussverkauf oder als wollten sie Pilze suchen. Jetzt habe ich
einen Knoten im Mund, denn ich spreche wie Schottland aus der
Ferne. Jetzt sehe ich durch das Zwillingsglas, DU HAST MIR EINE
WURST MITGEBRACHT. Du kannst dir das Dorf nicht vorstellen?
Aber es liegt doch vor Dir, historisch, geplättet, an einem blinden
Arm der Oder oder der Fecht. Hier wimmelt es vor Elementen der
Architektur. Stumpf und Kegel, die Kriegsversehrten schütteln sich
die Hand. Ein Topos ist nichts dagegen.

7

Das nächste Dorf, weißt Du, Du
kannst es besuchen. Geduld, Geduld, ich habe es gleich. Es verbirgt
sich zwischen grünen Hügeln oder es liegt unter einem Stein. Man-
delbäume gibt es anderswo. Die Früchte sehen Mädchen gleich,
die Sonne scheint auf sie herab, weil ihr nichts anderes übrig bleibt.
Durch unser Dorf führt kein Weg, bewachsen mit LÖWENZAHN. Hat
hier Ror Wolf seinen Abschiedsbrief an Unseld geschrieben? Genau
betrachtet, ist es ein Weiler mit Heiligen an jedem Eck. Eine Jungfrau
hat sich auf den Arsch der Welt gestellt, der sich in einer Ringel-
schlange verwirklicht. Andere sind mit großen blonden Hunden
unterwegs. Ein Baum verteilt Quitten. Wir stehen davor, sind kaum
zu enttäuschen. Wenn du den Stein hebst, wimmelt es wie in
Gedichten, wie im echten Leben. Wir haben das Dorf, aber die
Geduld ist inzwischen perdu.

8

Das nächste Dorf, weißt Du, in den
Monokulturen der Alphaleute, dort, wo das Gespann die Katastro-
phe probt. Der Bauer schmeichelt der Erde, er schaut nicht in den

Spiegel dabei. Haben wir das Dorf jetzt schon gesehen, mit seinen aus Zäunen gezimmerten Hütten, mit seinen Kieswegen? Zwischen den Buchstaben ist für die Lettern kaum noch Platz. Man zwängt sich so durch, solange man JUNGE BEINE hat. In den Gärten wächst das Gras einmal morgens und einmal auf die Nacht. *L'amour n'est pas heureux*, das Dorf hat auch keine Tränen, abgesehen von dem Teich, der etwas außerhalb liegt. Der Schmied ist der Wirt und an Ostern hört man von weitem Tapetenmusik. Tretet näher, ihr Kurzsichtigen, das Dorf ist eigentlich groß genug. Kommt herbei, ihr Lacherer, ihr Zerknirscher der Hortographie! Ihr Brotkneter, Molchkrümel. Ihr Erbsenzähler des Alphabets.

9
        Das nächste Dorf, weißt Du, schmeichlerisch oder selber geschmeichelt, das Salz und die Römer sind noch fern. Solche Weiler mache ich dir in Minuten, man muss nur dranbleiben. Spinoza war der liebenswürdigste unter den großen Philosophen (Russell). Man sammelte in der Gemeinde, um ihm den Monotheismus abzukaufen. Das Dorf hört nicht auf zu reden, es ist jetzt in seinem Element. Die Leute bleiben an Ort und Stelle, sie hören zu. Jetzt zeigt es seine Vögel und die fleischigen Blüten der großen Magnolie. Hinter so einem Baum war früher der Zahnarzt versteckt. Von dort zum Gefängnis ist es nicht weit. Als Junge saß ich davor und aß niemals Brot OHNE DAS WASSER, das aus dem Bächle kam. Das war mal schaumig, mal riss es uns weg. Die Straßen winden sich, eine Schleife gibts hier mal nicht. Man ist erst frei, wenn man es verlassen hat, und sei es, wie Husserl, im Jägerkostüm.

10
        Das nächste Dorf, weißt Du, immerzu neu gesehen von jedem, der es betritt. Durch den Schnaps wackeln die Häuser, nimm Glaubersalz und sie werden wieder fest.

Unsere Schlesier haben das Dorf ins Mondlicht gebaut, schön angelegt, nach der Nasenlänge der örtlichen Dame. Hat nicht Kunigunde
ihren Schuh dazugegeben? Hat Theophanu noch immer MIT LOB
gespart? Tagsüber glänzt es, als wären die Fassaden mit Eiweiß
verhängt. Der große Platz ist holpriger als ein Heringsalat. Wir sind
politisch bis in die Zehenspitzen, wir kämmen uns täglich das Haar.
Im Föhn liegt das Dorf und beißt sich in den Fels. Mancher Wanderer
hat es vergessen, bevor es vergeht. Es begrüßt auch die Leute und
spuckt sie wieder aus.

11

Das nächste Dorf, weißt Du, in einer
Sage wird es belagert, besessen und geschleift. Jetzt liegt es mit
einem Namen an einer großen Straße, die ins Landesinnere führt.
Auffällig der schleppende Gang der Dörflerinnen und das Gerenne
der Kinder, als gäbe es Schiffe zu sehen. Männer und Frauen haben
die Arbeiten eingestellt, sie sind damit beschäftigt, die Schilder zu
ENTZIFFERN, die nach anderswo führen. Jetzt gibt es keine Zahlen
mehr. Jeder stillt seinen Hunger, wie es ihm zukommt. Das Dorf
hat einen süßen Bereich, aber auch bittere Papillen fehlen ihm
nicht. Geben, Hören, Sagen, der Wein ist dünner, die Feuerwehr-
leute sind fetter als die Polizei. Eine Elle ist noch lange keine Axt
und das Holz wird gekaut, weil man Nüsse in seinem Inneren ver-
mutet. Es gibt auch die Sage, in der das Dorf nur noch ein Möpschen
besitzt, dem es sich anvertrauen kann. Es schickt den Köter auf die
Mauer, damit er die Feinde erschnuppert und verbellt.

12

Das nächste Dorf, weißt du, hing bei
uns überm Sofa, umgeben vom buschigen Wald eines struppigen
Jahrhunderts. Hamm hätte es gefallen, Haufs oder Watt. Letzterem
nicht so vielleicht, er hätte es nicht verstanden. Wir sind Zwerge
auf den Schultern von Zwergen oder wir sitzen BEI UNS auf dem

Sofa und Vater hat eine Platte aufgelegt. Ich bin nur ein armer Wandergesell, als wir jüngst in Regensburg waren, sind wir über den Strudel gefahren. Zuweilen saßen wir müßig wie Metzger am Ufer eines Bachs, mit goldenen Schuhen sprangen wir über Steine und Mühlen. Vater hatte sich zur Wand gedreht, das Wiesenbächlein rauschte, die Kühe waren nachhause gegangen, wir hatten keinen Hunger mehr, wir wurden ja nicht satt. Schlafen muss das Klingkind, dem Tod soll noch geholfen werden. Bei uns wie auch woanders, denn er geht nicht mehr fort.

6

Die unfertigen Dörfer

1

        Das nächste Dorf, jetzt schon erschöpft, die Leute kommen aus den Häusern und gehen ihrer Beschäftigung nach, tragen Rucksäcke oder zeigen ihren Hintern, von außen kao, blühen sie innen auf. Dabei ist das Dorf vernünftig, die Gassen längs, nicht quer, Rottweil, an einer Grenze, wo sich das Wasser scheidet vom Sand und der Sand vom Gestein. Brigach und Breg bringen Donau zuweg. Schwarzwald, gar nicht fern, die Gesichter bleich wie in Kriegsbemalung oder ein Schattengezücht. Wer OHNE STRÜMPFE durchs Dorf läuft wie eine aufgezogene Uhr, hat vielleicht den Sommer zum Freund. Die Hunde bellen den Mond an, sie denken, er möchte ins Haus.

2

        Das nächste Dorf, ein Schalter wird umgelegt und man hört ein Knistern von Insekten im Laub. Es ist ein Döner-Dorf mit aufgespießten Feldherren, Iskender, Cyrus, Pommes satt und Hunger ist die beste Soße. Ist noch ein Taxiteller da? Nehmen wir viel SCHARF oder soll die Butter auf der Kruste schmelzen? Die Bulgarinnen ekelten sich vor so viel Fleisch. Wo man die Milch schaukelt, bis sie dickt. Das Döner-Dorf hingegen lässt die Truthähne am Leben und füttert sie auch nicht. Is quatsch, weißte selber! sagt Jesus anderswo und zwinkert mit seinem Augenleiden. Jetzt legen wir den Schalter wieder um, denn keiner ist ein Ichland.

3

        Das nächste Dorf, hier wurde Deleuze zuerst verzettelt, dann ermordet, wir sehen den Platz, wo alles war. Man geht durch einen BLUMENLADEN, der das Wohnhaus verstellt, in dem er sich vielleicht doch aus dem siebten Stockwerk stürzte, er hatte die Brille abgesetzt und ein Paar Schuhe zurückgelassen, die noch heute seine Tat imitieren. Das Dorf liegt irgendwo zwischen Paris und Amsterdam, es ist keine verborgene Siedlung, aber auch nicht zu finden, denn die Adresse ist falsch.

4

      Das nächste Dorf, Heimat von Walfischfängern, die in den winterlichen Straßen ihre Harpunen schärfen. Das Lokal im Zentrum heißt Jonas und dort sitzt Captain Nemo und strickt sich einen Bart. Wir haben zwar Finger zum Zählen, aber die Kneipen werden nicht mehr. Wir gehen hinaus, weil der Lärm auf der Straße uns keine Ruhe lässt. Die Fischer flicken die Netze und passen auf, dass niemand die Schubkarre stibitzt. Der Walfisch wird immer kleiner, es gibt sein Filet bereits in Sahne eingelegt mit Eierscheiben obendrauf. Seit die Fliegen selten geworden sind, nimmt man gezuckerte Delphine als Köder für den Angelsport. Dagegen laufen die Hunde frei herum und schwänzeln sogar dem Fang hinterher. Klar, dieses Dorf hat nah am Wasser gebaut. Es gibt auch Friesen, die lieben die Kälte, sie leben in Kühlschränken, löschen beizeiten das Licht. Louise Michel hat man hier keine Korrektur verpasst. Sie kehrte aber auch nicht zurück von den REDLICHKEITSINSELN, kein Schild meldet Vollzug und wenn, dann wäre es ein geschichtsnotorischer Fake.

5

      Das nächste Dorf im Schlaf erdacht und wieder vergessen. Gewiss wird eine Menge Tee getrunken, während der Bach ansteigt und die ersten Surfer reißaus nehmen. Wellenbrecher unter sich, man kartelt, wettet und schlägt sich die Beißer aus dem Mund. Ein FÖRSTER kriegt die Wespen nicht unter Kontrolle. Im Wald haben dicke Mädchen Sex, man schenkt ihnen Blumen. Es ist zu normal für so einen Schlaf, wo man sich hin und her wirft als wäre man aus trockenem Holz, oder ein doppeltes Lottchen der Firma Mannesmann. Soll ich jetzt Afrikaans lernen, soll ich nach Kapstadt ziehen? Oder reicht mir ein Anorak, wenns mal draußen stürmt? Bin ich ein Tsantsa oder schreibe wie gestochen? Bin ich der SC Freiburg oder T. S. Eliot auf Abwegen? Der Schlaf ist nicht mehr der alte, er mischt sich zunehmend mit dem Fehler, dem es an Vernunft gebricht.

6

Das nächste Dorf, rasch erblickt, bevor man wieder an seinen Schreibtisch geht. Es liegt auf einem kahlen Berg, wenn du die paar Bäume siehst, ist es schon vorbei. Die Leute haben zeit ihres Lebens HOLZ GEMACHT, jetzt ist keines mehr da. Die guten Leute wollen das sprechende Pferd, sie sollen das Maul halten (Johnson). Wie immer spaziert hier einer durch die Literatur, aber auch die Irrtümer schlendern vorbei. Perfekt, wo Problem? Jeder Error ist allmächtig, man radiert ihn aus und schon ist er bei Norbert zu einem Super 404 geadelt.

7

Das nächste Dorf sucht man in seinem Kopf, ein ephemeres Gebilde aus Staub und Elektrizität. Es wehrt sich. Dann taucht es auf wie ausgerechnet der Name eines weißen Häuptlings und ertrinkt gleich wieder mit viel Mühe IN DER SPREE. Man muss sich erstmal was anziehen. Man will sich erinnern, was kann das Dorf dafür? Leibniz war hier zu Besuch, später wollte er es nicht gewesen sein. Du kannst ihn essen, aber vom trockenen Teller, als wäre er ein Keks.

8

Das nächste Dorf sucht man in seinem Kopf. Warm kam es aus dem Keller. Also der Karst war hier nur locker auf die Erde gelegt. Wie Fledermäuse hingen die Schinken in der Höhle, wie Schmetterlinge gingen wir darüber hinweg. Seit wann hat eine Raupe Flügel? Die Leute hatten einen humorigen Dialekt, schon die Kinder schrien ihren Willen hinaus. Das Wollen kommt vor dem Sagen wie der RAT VOR DER TAT. *Zur arbeit sey kretzig, zum fressen auffsetzig* (Fischart). Meine Jahre in den Kasematten. Man spricht durch die Nase, ohne R stolpert man so herum. Eliminiere das R oder trete es in den nächsten Konsonanten hinein. Eine Sproch für alte Leute, sobald die S-Bahn die Türen öffnet, füllen sie die Gänge. Kritik der S-Bahn, die in Schlangenlinien ihrer Lokomotive folgt.

9

Das nächste Dorf, ein Rest aller Texte, die ich auf meinem Schreibweg verbrauchte. Wir Wandervögel haben stets einen Wurm im Schnabel und eine Kippe auf den Lippen. Homo migrans, dieses Dorf ist noch nicht gelungen, da wird schon das nächste angepeilt, Rest einer Schwemmkugel, ein Stückchen Dreck zwischen Steinen. Man MALE MIR das Dorf mit seiner Jugend aus Papier, mit seinen bunten Alten. Der Buselmeier schiebt irgendwo mahnend sein Fahrrad und eine Kirche steht vollgeschrieben neben einem Baum. Man male mir das Dorf in dem Augenblick, wo es zu sehen ist, man gebe mir noch etwas Zeit, dann schaffe ich es ab.

10

Das nächste Dorf in jedem Augenblick, wie es dir gefällt. Schlank und froh die Häuser, schnell die Gassen, die Plätze überdacht und da wurde mit Ziegeln einmal nicht gespart, aber auf Gummi verzichtet. In den Ställen RASCHELT DAS STROH, das anderswo schwelt, wo es trocken wird. Vor der Kirche sagen sich die Insekten gute Nacht, du schleichst dich vorüber und gehst gleich ins Bett. Die Kindheit des Dorfes ist rasch erzählt. Es entstand in der Phantasie einer Frau, um den Liebesakt hinauszuzögern, quasi als retardierende Tour durch St. Tropez. Die Gleichheit der Geschlechter steht fast immer an der Wiege einer solchen Agglomeration, hier aber haben wir den Liegestuhl als Pfand. Er ist groß wie ein Pferd, was ich schon mal von meinem Vater sagte. Wahrheitsgemäß, ein bisschen übertrieben, aber recht saftig, weich und lind wie Rosshaar oder ein Stubenhocker der älteren Generation.

11

Das nächste Dorf umflattert von Wäschestücken, Dylans Hemdorgel war nichts dagegen. Die wimmerten im Wind, keineswegs bretthart wie der wiederum in seinem schnarrenden Register, mürrisch auf der Bühne. Das Dorf lag da, zwischen BERGEN UND BURGEN lag es da, weder laut noch leise und aber geduldig wie kaum ein Papier. Schon warf man die Brezeln in die Tüte, schon holte man sie wieder raus. Die Stimme des Dorfes war ein Rascheln, das über den Fluss gegangen wäre, ein Jesus, nur der Rhein wäre in Frage gekommen, der aber floss ja anderswo vorbei. Vielleicht rede ich etwas zu viel, sagt das Register Luise, vielleicht bin ich aber auch noch kürzer angebunden als Bob. Raoul Tranchirer lag hier auf dem Anger begraben und noch ein anderes Ego, Breviloquenz einer sich dehnenden Zeit.

12

Das nächste Dorf, eine Ansiedlung von Aussiedlern, die ihre Gehöfte in der Gegend verstreuten wie Schuppen auf einem Revers. Entsprechend schütter die Winter, entsprechend eisig der Schnee. Hartnäckige FLOCKEN bei über siebzehn Grad. In einer Ferne schwimmen die Schwäne auf einem Teich. Die Aussiedler säen schon Lauch auf den Asphalt, sie wissen es nicht besser, denn sie selber trinken das Blut der Vögel. In Wanderschuhen gingen sie über Brücken, einstmals, in der Zeit der Hosenträger. Mit ihnen weine ich um jeden Zentimeter des alten Landes, wo man im Frack um die Häuser ging und die Steine auspresste. Ich habe die Namen noch im Kopf, sie sitzen wie Stare auf den Oberleitungen. Ich esse die Stechsuppe, die mir das Gedächtnis zerstört. Leutchen, denen es schmeckt, echte Blutbucher, sollen kommen und mir das Haar waschen, sollen kommen und den Schlesier des Schweigens weglocken von diesem Kaff.

7

Die gewesenen Dörfer

1

Das nächste Dorf, aus Wagen sieben
gesehen, im Niederen Fläming, der sich im Land Brandenburg verstreut, da und dort auch ein Reh, äsend an Halmen. Ein paar Hohl-
köpfe lauschen der Automusik, Zander *and lightning*. In den Mär-
chenwäldern liegen Kasernen versteckt, also die Mauern sind kaum
zu sehen. Dorfmuseum, durchs offene Fenster möchte der Garten
in die Stube. Die Gegend hat vor langer Zeit eine Kirche bekommen
und ein paar Fahrräder, mit denen die Glatzen paradieren. Haben sie
auch Hunde dabei? Schwer zu sehen, aber man hört ein Scharren von
Nägeln auf dem Trottoir. Wenn das nicht der Rehbock ist mit seinem
rauen Husten. Ohne Hunde sind die Glatzen Papiertiger, werden
gehänselt, gegretelt bis es reicht. Wenn ein Heuschreckenschwarm
auffliegt, klingt das wie trockenes Schneckennudelpapier, das sich
faltet und faltet, die Ohren sind Zwillinge und die Beine werden uns
schwer, als hätten wir die SPRECHSTRECKE zu Fuß zurückgelegt.

2

Das nächste Dorf, kaum ein Weiler
und schon eine Stadt, lag in den theoretischen Bergen von Nevada.
Kinder hatten es gegründet, die als Erwachsene den Ort verließen,
der nun wartet und wartet mit seinen leeren Schuppen und dem
GETREIDE zwischen den Furchen. Das Dorf ist ein faltiges Gesicht.
Ich bin bei Gott ein alter Mann und lebe zwischen den Gleisen in
einer Kolonie. Wirft jemand ein Brot aus dem Zugfenster, habe ich
zu kauen für ein halbes Jahr. Ich sitze auf dem Getriebe meiner
Kreidler, bin Kuhle Wampe und habe einen Schreber als Freund.
Das Dorf wäre ein Gewann oder eine Arena, manchmal hält auch
eine S-Bahn, aber es steigt niemand aus.

3

Das nächste Dorf, in der Mitte des
großen Platzes wuchs eine Nessel, die als GIFTIG galt. Kühe aßen
ihre Blätter, die Milch wurde von Müttern getrunken, die ihren

Kindern die Brust gaben. Eine Generation von begeisterten Dörflern wuchs heran, die ihr Glück suchten. Groß waren die Kirchen des Orts, wie ein Haufen Holz lag die Philosophie an den Wegen im Farn. Das Dorf, früher hinter Bergen versteckt, die Leute bauten Schuhe, lebten von den Füßen: Pietisten. Als alle Schuhe ausgewandert waren, blieb das Dorf liegen, faul wie ein *hashtag* oder ein Wochenende mit Salzstangen überall. Permakulturen, die kaum den Schatten verließen, Hugo hat sie erfahren, Ulrich, aber der pflegt jetzt den Stängel seines Sonnenbrands.

4

Das nächste Dorf schwitzte, schwitzte nicht, schüttelte sich, ein Hund, legte sich, Zeigefinger neben Zeigefinger, blieb liegen, schreckte hoch. Ein Hund, der in jede Kirche pisst, vor der die Pferde weiden. Ein Hund, der wie die Schrift des Gedichts von der Mündung zur Quelle läuft. Ein Hund ist kein Dorf, er juckt sich von der Zunge an aufwärts. Hat einer mal eine SCHÜSSEL hingestellt? Ein Eimerchen Eierlikör? Wasser, das den anderen Flüssigkeiten keinen Platz lässt? Dieses Dorf schmerzt schon meine Rechte, die sich anfühlt wie ein Hühnerschenkel, und es ist noch nicht mal fertig mit Schwitzen. Fort Dorf, verschwinde! Verpiss dich. Hau ab zum Frauchen, dass sie dich krault.

5

Das nächste Dorf, schläfrig und alt an einem hängenden Garten gelegen, an einem singenden Bach, an einem Forellenriff, das sich notfalls in einem See fortsetzt AM FUSSE des Hohentwiel. Hier twittern die Vögel wie schon die Saurier der Kreidezeit. Hier heulen die Wälder, denn Enzensberger ist tot, der hier beinahe geboren wäre und nichtmal begraben liegt. Wer sorgt jetzt im Märchen für Stress, wer sagt den Lampen gute Nacht, wer zieht den Bimbam in die Länge bis wer über die Brücke geht und bricht?

6

       Das nächste Dorf, schläfrig und alt
an einem hängenden Garten gelegen. Ich muss meine Augen schonen,
sie sind schon ganz rot und sehen über die Berge hinweg, als wären
die aus Brillenglas. Die Berge durchsichtig? Das Wasser ist nichts dagegen? Oder ist es vielmehr die Luft, die auf den Bergen liegt? Kalt
ist sie und zu nichts zu gebrauchen. Ein paar Kühe stehen darin, ohne
sie ganz auszufüllen. Abends trotten sie ins Dorf hinab mit vom
Gras feuchten Mäulern. Die Glocken sind derweil in der Spülmaschine.
Meine Augen sind nicht besser geworden, aber ich kann sie nicht
mehr zukneifen in diesem Zwielicht, das ist Gift für sie. Derweil zeigt
das Wasser dem Jüngling sein Gesicht. DIE ECHO folgt ihm und
geht ihm auf den Wecker. All das sehen sie ungeschönt, als wären
sie aus West-Italien und schleppten einen Sarg hinter sich her.

7

       Das nächste Dorf, Eisental, eine
Genossenschaft, Hütten aus Blech mit einem Monitor, Fenster
wären billiger gewesen. Mangels Wäldern galoppierten wir über
die GEWELLTEN DÄCHER der Garagen, wir hatten eine ausgedehnte
Phantasie mit Grasland, Baumbestand, wilden Indianern. Wir waren
Kinder, wussten nicht, dass es Leute gab, die nackte Frauen malten.
In der Stadt Zimmer nach Zimmer, behängt mit dicken Weibern.
Besser war es, Kühe zu hüten und Sklaven zu befreien. Als wären
sie erste Nationen. Die Schlösser knarzten nicht in Affental, die
Türen schlugen zu, wir im Innern eines Containers. Auf der Straße
überall Sägemehl, die Köchin in der »Blume« warf die Schnitzel in
geriebenes Brot. Die hingen zuweilen über den Teller hinaus, etwas
war oben gerade noch sichtbar und etwas fuhr uns ins Genick.

8

       Das nächste Dorf, wo im benach-
barten Waldstück der Pilz dir ein Bein stellt: die Totentrompete.
Wo die Vogesen in Riesenschritten bis vor die Haustür kommen,

Lehmklumpen an den Schuhen. Das Mundwerk der Leute war mit Schmalz geölt, *mir sin schinns d'Letschti*. Das Schmalz holte man aus einem Berg namens Anna. Ich vergesse nicht die verblüfften Gesichter, als das Essen vorbei war. Man schwamm noch ein bisschen in Meringuen, der Zucker wollte nicht untergehen. Bis zum nächsten Morgen, da es im Treppenhaus wieder nach Suppe roch. Das Bett von Monsieur Le Curé ist durchgelegen. In der tiefen Kuhle zieht man KÜKEN MIT KAAS. Ach, man trank einen Pfetzer und unterdrückte das Kneifen, das war der Magen, der nicht mehr mitspielte. Sartre wohnte noch auf der anderen Seite des Tals, die Deutschen kauften jede Bude und bretterten sie zum Chalais. Freilich, der Zarte dämmert so dahin und sagt: *Gottvertàg, s'zieagt?* So ein Dialekt passt zum Essen, das man halt ständig vor sich stehen haben muss.

9

Das nächste Dorf, kleiner als das der Nachbarin, wenn auch ergänzt um geschotterte Flächen und eine Ziegelei. Hier ist es eher feucht als idyllisch, aus der Lourdesgrotte kommt Oberwasser und hast mich gesehen. Es schafft sich selbst eine Ordnung von A bis K und wieder zurück. Am Wiesle findet man KASCHEMMEN, darin beiläufige Kartenspiele und desolate Saaltöchter, die ihre Arme in die Hüften stemmen. Wenn es mal brennt, geht das Eimerchen durch die Reihe und Florian ist zum Glück nicht fern. Manche hängen abends zuvor noch die Wäsche raus. Man ist gegen alles gewappnet, nur mitunter beginnt das Heu zu hupfen und die Frauen heben die Röcke wegen der lauten Musik.

10

Das nächste Dorf wäre beinahe ganz in einem Gulasch verschwunden, Ochsenbrust, Milchlamm, gehobelte Tulpen, mit Ross und Meerrettich, all diese Sachen, die einen guten Fleischbrei ergeben. BAD, WORSE, WURST. Ich sage beinahe, weil noch ein paar Geräteschuppen übrigblieben, eine Art Trester der Häuser, wie wenn die Mutter Quitten auspresste. Ein armer Unterstand, umgeben von einem Malergerüst, einem Fachwerk gleich, das die Franzosen überstanden hatte. Hier eigentlich Attila und Etzel, die ungleichen Brüder der *untotn Sprachn*. Sie schleppten aber auch die Paprikaschoten herbei, die es braucht, allein schon der Farbe wegen.

11

Das nächste Dorf stand freundlich neben den Hügeln und freundlich standen die Häuser am Platz, man hätte sie für Schwestern halten können. Aber sie waren Mutter und Töchter mit ganz weichen Füßen. Die Mutter sang noch im Chor, als keiner mehr in die Kirche ging. Schöner war sie als jede Nachbarin, sie lächelte mit offenem Mund, wollte gefallen. Man setzte auch jeden Tag neue Primeln in die Erde und ließ die Fenster erglänzen. Was standen da für Freunde auf den Balkonen? Was laichten die Frösche zur Unzeit in den Teich? Mein lieber Schwan, zu erklimmen auf einem Operettensofa. ACH DU LIEBE ZEIT, die Freundlichkeit ist jetzt verbraucht, was kommt an ihrer Stelle für ein Tier?

12

Das nächste Dorf, sehr geschützt zwischen Hecken in einer Ebene, wo der Wind wohnt. Aufs Beste bewässert in einem Haufen Sand, Asche, Staub. Hier habe ich mit Derrida gefrühstückt, mit John Le Caré Caro getrunken, mit Hilbig ein Bier gezischt. Ein Hilfsbier, wie es im Dorf auch KEINE SCHÖNEN BLUMEN gab. Das Labyrinth hatte immer denselben Ausgang. Hier habe ich mit Federmann Nudeln gegessen, Pizza mit Goldschmidt. Eine Tafelrunde mit immer derselben Wahrheit. Unsere Leiber, unsere Pferde. Unsere Schuld gehört Sparta. Das Dorf hieß anders, wenn ihm überhaupt die Namen etwas sagen sollten. Aber die Liebe wurde ihm an die Lampen gehäkelt, in die Leitungen gestrickt, an die Gene genäht usw.

8

Die maulfaulen Dörfer

1

Das nächste Dorf, wer St. Blasien liebt, kann sich in der Ferne verirren, dieses hingegen war gleich beim Ortsschild vergnüglich, trotz der Migräne, die sich abwechselnd über die Leute hermachte. Man ging umher, als wollte man einen langsamen Hund spazieren führen. In ein paar Minuten war man im Zentrum, aber es brauchte eine lange S-Bahn-Strecke, um es wieder zu verlassen. Lag hier nicht das Urmeter begraben? Am Ortsausgang Hände, die einen nicht loslassen wollten, Arme mit Muskeltattoo, kryptischen Golgatha-Motiven und Blumen einer Zahnpastamarke, Ankertittchen mit Papageiengeschmack. Alles HOPPLA, alles bunt, was das Gegenteil von farbig ist. Gleich um die Ecke wohnte Tom mit seiner rheinischen Natur. Einmal schlugen wir mit Tassen gegen die Heizungsrohre, einmal waren wir roh. Scheiß drauf, andere kamen, wir wollten entkommen. Auf dem Anger weideten Schafe, die Allmende hatte nichtmal Grützkraut zu bieten, Schmalhans kam aus diesem Ort, Küchenmeister ebenfalls. Ich bin ein wahres Rabenaas, das seine Sünden in sich fraß. Im Fischen Gilts Mischen. In Blasien ist man erstaunt, wohin das Heilige entschwand.

2

Das nächste Dorf, also hier kriege ich PICKEL, also hier habe ich einen Krampf in der Schreibwade. Hier stehe ich auf schlafenden Füßen, hier trinke ich den SPRUDEL vom letzten Jahr.

3

Das nächste Dorf, eine minimale Abweichung der B9, an der das letzte gelegen war, faul, schwer, gefräßig, während dieses hier, doch runder als ein Durchgangsdorf, ein wahres Luftwunder darstellt, steinig zwar an Stellen, lehmig dagegen, wo die Pfützen überhand nehmen. Es sind die Nadeln des ROSMARIN, die alles zusammenhalten. Eine Hochzeit wurde gefeiert und man gab den Leuten Tropfen zu trinken. Eine Bestattung im Gedränge mit dem Blumenschmuck der Vorgärten. Hintenrum kommen die Tomaten zur Geltung, nach ihnen bildet sich in der Folge der Ortsname aus Paradeiser-Silben. Etwas wie Silvaner. Traminer, der Dreimännerwein. Man hört auch ein spezielles Hochdeutsch aus der Ferne gegen den Wind, es handelt sich um die gesprochene Version aus gebrauchten Vokalen mit Konsonantensalat. Wenn es nicht Kakerlaken sind! Und die B9 die Kopie einer Schleife, erfunden von einem Pirol.

4

Das nächste Dorf, man kennt es für ein paar Schritte, dann wird man eines Besseren belehrt. Es zieht sich dahin an den Ufern eines Baches, der sich in seiner Geschichte noch niemals angestrengt hat. Die ZIERMANDELN blühen wie die Essmandeln und die Zierbienen und die Essbienen stopfen sich die Hosenbeine voll. Wo man auch ist, man sitzt immer auf dem Alexanderplatz. Ist der Darius hier durchgekommen? Hat er seine Schnürsenkel verknotet? Ließ er Waffen und Wagen der Riesen hier vergraben, wie einst Sueton aus Indien von Alexander berichtet? Ich verschwinde, mache jetzt Platz für was Besseres. Für einen echten Federfuchser, einen Ficker mit Orangenfingern und einer Mentalität aus Schrot.

5

Das nächste Dorf, traurig wie ein Lied von Umm Kalsumm, und das Grasland weit nicht so grün wie ihr Taschentuch. KOSTE DIE LIEBE MIT MIR, sagt das Dorf, in seinen hellen Minuten winkt es und winkt. Dabei ist es nackt wie Bled und ein bisschen teurer als St. Moritz. *Jacob nimmt die Flucht von Esau hin / dem Gott uff de Straß in Schlaf erschien* (Fischart). Der Kreuzigam. Aber blutig das Dorf, gewaschen von reißendem Gebirgs-

wasser, salzig wie die blaue Karibik einer Zeit der Vorhänge. Schlank
die Türme einer oberen Burg, während hier unten die Krapfen in
den Mund schlupfen. Das Essen halt ideal für Leute mit Zähnen
aus Kalk. Sofern sie keine Emotionen kennen, die sich beim Kauen
quer stellen.

6

Das nächste Dorf, an einen Steil-
hang geklebt, zu erreichen über Rinkele und Rankele in einem
OPEL mit tüchtig Kofferraum. Im Zentrum dann die Trümmer des
Gelächters meines Vaters, von Archäologen bepinselt. Ich habe das
so rasch geschrieben, damit ihr es schnell lesen könnt. Das Dorf
war ein Traum von Bolaño, bei dem einem der Schlüssel aus der
Hose fährt. Die Dächer aus Glas und im Übrigen so knapp, dass man
bei Regen zum Knirps greifen musste. All das ein wenig zu deutlich,
der Dichter vor der schwarzen Wand, gazellengleiche Hunde, Fahrräder aus Fleisch und Blut. Ich habe das alles so groß geschrieben,
damit ihr es nicht lesen müsst. Dass Baudelaire hier seinem Schatten die Pickel ausdrückt, während dieser kontrolliert, ob die Ohren
auch sauber sind. Es ist alles auf Gegenseitigkeit gepolt, er spuckt
auf sein Taschentuch, um dem etwas wegzuwischen. Wie rasiert
sich ein Vampir, der nicht in den Spiegel schauen darf? Ach, in Köln
wäre heute Kaviar und in Bamberg kommt der Nimmerleinszug
nicht mehr voran. Wem der Feber zu lang werden sollte, der ist
richtig an diesem Ort der bedauerlichen Zwischenfälle, für die noch
keiner eine Entschuldigung gefunden hat.

7

Das nächste Dorf, wie fang ich an?
Ich hole es aus meinem Bauch, es ist noch ganz feucht, vermutlich
vom Morgennebel. Wir sehen seine Konturen nur ungefähr, das
heißt, es wäre ein Meerestier wie Venedig oder eine dünne Scheibe
Land mit Jahresringen. Flach, unerheblich, die Leute suchen ihre

Umgebung nach Läusen ab. Es gibt einen Baumbestand drumrum, den viele nicht verstehen. Auch hier machen sich die Boote das Leben schwer, im Dorf dagegen geht man HAND IN HAND, zu Paaren. Manche haben sogar einen Campingbus und fahren mit erschreckten Gesichtern durch die engen Gassen des inneren Bezirks, der natürlich auch aus einem Bauch kommt, fragt sich nur wessen und wann. Ist es Circe, die keine Zurückhaltung kennt? Ist es ein *people*, farbloser als ein Zirkus in Trier?

8

Das nächste Dorf ist mir eben erst aufgegangen, dabei liegt es schon lange brach. Ich laufe die paar Schritte bis zum Ortseingang, wo unser Dorf mit seinem Namen beginnt. Es heißt nach einem alten Jäger und dem Stein, AUF DEM ER IMMER SASS. Ich zähle die Schritte bis zur Schule gleich neben dem Ruderclub, hier war früher das Fischerdorf, bis sich der Fluss das ganze Treibholz zurückholte. Heute ist das Ufer zu beiden Seiten eine Hundewiese, gut dass die meisten taub sind wie Wasserleichen. Bellen könnten sie ohnehin nicht. Meine Wörter sind abschüssig. Was ich in mir finde, bin immer nur ich.

9

Das nächste Dorf ist mir eben erst aufgegangen. Es lebte im Haferglauben, eine Pferderepublik à la Gulliver. UNSERE GEDANKEN machen Sprünge, die Angst treibt sie unters Dach der Sprache. Wir treffen uns im Land der Rüben, Reben, Raketen, wenn der Krieg aus ist, bei Landstuhl. Bin ich jetzt schon tot? Gehe ich auf Platonsohlen zum Symposion? Wie man einen Wolf fängt. Wie man sich auf einen Stuhl setzt, wenn endlich der Friede ausgebrochen ist. Haferglaube, Wuppertal, hatten wir schon Schwefelbahn? Hatten wir schon Hatschepsut? Hatten wir schon Houyhnhnms?

10

Das nächste Dorf, Vorsicht! Bleib ganz nah an der Mauer, die Biker haben die Straßen für sich entdeckt. Und brich nicht die Knospen vom LORBEER am Wasserstand. Und zieh den Kopf ein, der Blütenstaub ist überall, sogar in den Garagen. Im Haupthaus wohnt Herr Gargantua, der schon früh morgens über Klößen brütet. Schenk ihm den Kaffee nicht ein, sonst tunkt er dich wie eine Magdalena, du weißt, die einzige Blondine des Neuen Testaments.

11

Das nächste Dorf, Sprüche, Sprüche, Arme hochwerfen und den Bauch zeigen. Lass dir Zeit! sagen und: Es gilt, es gilt! Ein Kumpeldorf also, ganz der POMONA geweiht und man wird hier mit Pommes traktiert, Galgengelee, Pektin. Man blinkt nach links und biegt dann nach rechts ab, um die Invasoren zu verwirren, die garantiert irgendwo lauern. Wir lagen vor Madagaskar. Unser Name war Brinckmann, Popp. Die Pflanzen dagegen strebten ihren Sprossen hinterher, Insekten ließen sich nieder auf der Suche nach Staub. So steht es geschrieben im Buch der Sprüche, das ganz aus eleusischem Papier besteht. Wenn eine Frau dir pudelnackt von hinten an die Nudel packt. Plötzlich platzt Pariser peng, Formeln aus Schnaps, hinunter damit.

12

Das nächste Dorf, weißt du, du hast es schon wieder nicht erwähnt. Immer wird dieser Weiler leider vergessen, oder nein, wir denken daran, aber er wird halt nicht genannt. Als wäre er ein Passwort, etwas, das man für sich behalten muss, wenn man es nicht gerade vorzeigen soll. Das Dorf könnte sich sehen lassen mit seinem Holzzäunen, den Bachstelzen und Backstuben, seinen immer noch frischen Dörflerinnen, die die Augen eindrehen, wenn man rückwärts zählt. Mit seinen abgedeckten

Kanälen und schwimmenden Kopfbedeckungen. Mit seinen MIT-SEINEN und der Lügenbrücke, von Schwänen bedrängt. Mit seiner Schönheit, die einer Raststätte die Schamröte ins Gesicht zwingt. Mit seiner französischen Eleganz vom Kopf bis zum Schwanz. Mit seiner jugendlichen Selbstvergessenheit oder -versessenheit, je nachdem.

9

Die nützlichen Dörfer

1

Das nächste Dorf füllt eine Gegend vollkommen aus. Berge, Flüsse und Wiesen haben die Landschaft verlassen, hier ist alles Dorf, Dorf, Dorf. Die Männer mit Krawatten bis zum Hals, von Frau Billichmann in den Keller vertrieben. Dort werkelt man, schraubt an ZIGARRENKISTEN. Anderswo gehen Rinder ihren Trieben nach, dieses Dorf ist mal sauber gewesen und kriegt es nicht mehr hin. Es rollt sich am Rand wie ein Blatt Nikotin. An der Vergangenheit kann es nicht liegen, die ist dünner als das Gras, das überall drüberwächst. Alles nimmt zu mit dem Mist der gefangenen Tiere in der Arche. Soll man denn Sägemehl essen, die schwarzen Tannen der Kuckunft im Sinn? Da waren Vögel, die nur aus Luft bestanden, und die Fische im Wasser ebenfalls. Das Gold wurde von Arimaspen bewacht, so zumindest Herodot oder der Jeremy. Klingt hergeholt? Dann putz deine Brille und lass uns allein, wir sind viele, jeder von uns. Wir wohnen bis zum Horizont, den wir beschmutzen, so gut es geht, und noch geht es ja.

2

Das nächste Dorf findet keine Ruhe an den sanften Hängen eines Flusstals im Holozän. Es ist nicht direkt dreckig, aber es schläft schlecht und jagt seine Bewohner nachts aus den Hütten. Sie knallen mit Korken oder rufen sich Wörter zu. Friedliche Leute, aber auch laut, füllen sie Straßen und Gassen, manchmal sogar mit einem Boot. Der NARR ist ein KÖNIG, er trägt den Kopf rasiert oder unterm Arm. Närrinnen, Narhallesen, so gendert man in Mainz. Manche Dame saugt die Nacht durch einen Strohhalm in sich hinein. Schwarz ist hier die Farbe des Koffeins und des Zuckers in seiner ursprünglichen Gestalt. Manchmal schießt einer um sich, weil es ihm an Dynamit fehlt. Manche Stimmen kommen schon mal aus einem Fenster, nass wie der Nachttopf, schmerzlich wie eine Kerze im Holozän.

3

Das nächste Dorf, fett in die Ebene gesetzt. Hier hatte man viel und wollte wenig. Geht das in Eure Köpfe hinein, Leute? *Wat kiekstn Kleena, koofst ja nüscht. Kann ja kieken, kost ja nüscht.* Es waren die Kinder des Satans, die hier mit ESSIGSAURER TONERDE überwinterten, mit Klosterfrau und seltenen Salzen. Gezeugt an einem schwarzen Samstag, als die Börse in die Hose ging. In unserem Dorf war die Materie schwerer als selbst die Lamas in den Anden. An der Hand einer Dame gab es einen 70-jährigen Mückenstich. Auch war das Blut sehr laut, wurde aber inwendig von ein paar Bälgern überbrüllt. Dafür konnte man die Kühe an den Hörnern nehmen und mitunter war man vor dem Essen schon satt. Ich lass mich doch nicht zum Boxenstopp jagen! Bin ich etwa Aristeas, ein Streichholz oder ein Solex von zuvor?

4

Das nächste Dorf, mit Bleistift vorgezeichnet, mit einem Kuli beglaubigt. Die Linien streckenweise doch doppelt wie die Umrisse der QUADRATESTADT. Was für ein Kuli? Der Reklamestift der Raiffeisenbanken. Die Bergbahn steigt und fällt über die raue Oberfläche, wo das Dörflein sich festhält. Mal sehn, ob die Familie es mag, sonst wird radiert. Die Tiere sind schon verjagt bzw. in den Wald gesperrt, ein paar Blumen gibt es noch, die bräuchten jetzt etwas Wasser, wenn es das noch gibt.

5

Das nächste Dorf steht schon im Dehio, allerdings als typische Straßenexistenz mit Bäumen statt Bauten, sonst nichts außer einmal ein Fenstersturz oder eine Laibung aus Buntsandstein. In den Stuben Teppiche mit unerwarteten Vögeln, gezeichnet: Ucello. Dafür ist die Erde draußen solide mit Makadam geteert. Wir gingen WIE KINDER umher, barfuß und mit Schnecken in der Hosentasche. Anderswo hatte man römisches

Geld gefunden. Mit dem Nasenkaiser begann der Frühling, der als Sommer schwarz wie Kohle wurde. Hier hat es das Glück nicht immer leicht, da sich die Bäche in die Länge ziehen. Heute esse ich Zunge, morgen sage ich kein Wort. Dem Dehio scheint das alles eh von minderer Qualität. Wie das Rheingetier von Remagen. Wie die Kreidewälder von Soundso. Schreib den Rest auf meinen Grabstein, komm in guten Hosen, zieh sie hoch.

6

Das nächste Dorf steht schon im Dehio, wenn du einverstanden bist, reicht es mit seinen Bungalows fast bis zum Gipfel hinauf. Wenns recht ist, haben wir dort ein Café nur für Jäger oder mindestens Jagdausflügler. Das Rathaus war früher die Kirche, von BAUWUT ergriffen, stellten die Katholen eine neue daneben. Die Evangelen natürlich modern, Seelenabschussrampe. Wenn das o. k. ist, fließt ein Bach durch die erheblichen Teile der Ortschaft. Es gibt ein Revier, wo die Hänfer und die Henker wohnen, Schulter an Schulter mit den Hebammen. Wenn du einverstanden bist, hat das Dorf ein Logo wie ein stilisiertes weibliches Geschlecht, eine Klammer oder eine Zwetschge. Die Türen gehen auf und zu, in der Regel ist niemand daheim, sondern fährt mit dem Motorrad umher.

7

Das nächste Dorf, man sieht es richtig wachsen und wie die Sprache in die Leute fährt oder zu ihnen zurückfindet, wenn sie auf der Schaukel sitzen. Man möchte es verstehen und rennt immer seine Runden um den INNEREN RING. Es gibt auch eine Dorfmusik, die klingt als wäre sie Maschinen abgelauscht. Da kommt ein Auto! Da sitzt ein Kind auf der Straße und liebkost den Kies. Manchmal steht die Sonne auch hinter einem Baum. Die Alten versinken in ihren Sesseln, die Reichen tuns ihnen nach. Den Männern schmeckt alles? Den Frauen nur jeder Mann.

Natürlich schaut man auf die Uhr. Zumindest solange das Dorf am Wachsen ist mit seinen Kakteen und der Dingwelt, die aus so Sachen besteht.

8

Das nächste Dorf, wo man alles lustig finden konnte, frei von der Leber weg. Wo das Haar schneller trocknete als ein Missverständnis. Der Dorfbrunnen, *opus mixtum, opus quadratum*. Hat jemand EIMER dabei? Wir wollen jetzt alles zu Marmelade machen! Man soll hier murmeln, statt zu schreien, sprich mich! Das passt mich jetzt wie ein Handschuh.

9

Das nächste Dorf öffnete sich zu Morgen hin und zeigte andere Dörfer vor, halb verdaut oder ganz ausgeschieden, wie der Neandertaler ja auch in uns verschwunden ist. Wir hatten so einen WINKEL noch nie gesehen, schauten auch ungern zum Sonnenaufgang. Wir wussten nichtmal wie eine Apotheke von innen aussieht oder der Hobbykeller von Andersch. Neander, Neander, lass dein Haar herunter! Der macht wohl Pfeil aus jedem Holz. Der geht mir auf den Zeiger, gleich wird mir schlecht.

10

Das nächste Dorf, hier geht uns der Atem aus und wir schöpfen Wasser gegen den Durst. Es ist ein Trafo-Dorf, man betritt es auf allen Vieren und verlässt es als Zwei-beiner, torkelnd wie Heidegger. Hier haben Feingeister das Sagen und einige Kumpel das Nachsehen. Hier spricht man sein Wort und macht einen KOMISCHEN MUND dazu. Hier werden die Alten zu Hunden und schwitzen nicht mehr. Ein vertracktes Dorf, aber wir haben es gefunden. Das Gutsel haben wir noch in der Tasche mit einem Tabakfaden dran, Gizeh, eine Aktive, also ziehn. Das muss aber nicht heißen, dass jetzt schon wieder Schluss ist, oder doch?

11

Das nächste Dorf, ein Tick zu intim und wo man auch den Kuckuck mehr als deutlich hört. Dazu schlägt eine Uhr, es muss doch einen Zusammenhang geben! Der Name des Dorfes ein Reibelaut wie der Rettich, der Name des Vogels am Anfang etwas zu schwach. Wir beginnen MIT DEN ANFÄNGEN, dabei wissen wir schon, in der Mitte wird es ein wenig durchwachsen, das Ende macht uns dann nichts mehr aus. Obwohl, dann sind wir erschöpft und verzweifeln deshalb. Wir lieben ja offene Dörfer und am Anfang steht ein Hallopferdchen bereit. Nachbarn, denen die Grüße niemals ausgehen. Rache ist jedenfalls kein Opium. Intimität kommt immer zu spät.

12

Das nächste Dorf, überhäuft mit blühenden Balkonen, tropfend und begossen, ich habe es satt. Wie ein Weinetikett seine Silbermedaillen sammelt, so liegt es schwer unter einem Blütenteppich, der alles erstickt. Nur nicht das saugende Insekt. Wer hat uns dieses Kaff auf den Weg gelegt? Und wozu? War es der Spinner Spinoza oder suchte Deleuze ein Quartier? Schon kratzt mich der Guattari am Hals. Schon lange fertig bin ich mit Opitz, dem Stier. SELBSTLOB STINKT. Wer verlangt Einlass? Es ist der Anacharsis, geboren in den *scytischen Wüsten*. Wohin also mit Orten wie Hindelang, in dem jede Oma ihren Plattler tanzt? Wohin mit dem Wintersport, wohin mit den Stiefeln der Siebziger, wohin mit der Nachkriegsfröhlichkeit?

10

Die satten Dörfer

1

Das nächste Dorf, in dem man auch
nur mit WASSER KOCHT. Wo das Wort noch etwas gilt, wenn es auf
der Zunge liegt. Wo einer im Keller friert und Kartoffeln sortiert.
Ich sitze hier und schneide Speck und wer mich lieb hat, holt mich
weg. So ein Dorf ist das, auf einer Linie mit Milano. Es sagt: ich bin
ja nicht aus einer Maschine geboren, aber so alt wie der Acker bin
ich noch nicht. Dörfer sagen Wörter? Woher denn! Und doch ist es
eine Vereinigung im Ruin. Ich trage die Uhr am Handgelenk, aber
sonst bin ich dick. Salamitaktik, die fahren ja wie die Säckel umher.
Haltet das Wasser fern von mir, ob es auch plätschert oder pitscht,
das Wasser ist ein Durcheinander! Sind die drei Minuten um, wird
es sofort abgeschreckt.

2

Das nächste Dorf, so echt es klingt,
noch keiner hat es gesehen. Ein Witz, den man weitersagt, ein
ansteckendes Zitat. Es liegt mal IN DER SENKE, mal zwischen den
Gattern einer Alm. Hier ist das Gras behaart und stößt die Kühe
zurück, die dann mit den Eimern klappern. Sennbuddhismus, wisst
ihr noch? Also, gibt es mal Wasser, kommt es als kaum durch die
Klamm und dann hat die Jugend mehr zu trinken als ihr lieb sein
kann. Die Jugend gießt sich aus, sie tropft über den Balkonrand
eines Chalets der goldenen 20er. Das Zitat, eine Zikade, die verscheucht ihre Gedanken mit Trommelmusik.

3

Das nächste Dorf nimmt den mü-
den Wanderer auf, nährt ihn und trinkt ihn aus. Dann ist die Tür
zugeschnappt und man hat endlich mal Zeit. Die Liebe, die dieses
Dorf berühmt gemacht hat, hier lässt sie dich allein. Du bist auch
schon schwer von Kilometern und alt von der Sonne. Du gehst
in einem Hemd, das einmal einem Wolf gehörte. Oder du hast

heimlich deine Segel verheizt, anderswo, bei den Lofoten. Hier aber ERTRINKEN DIE KONTINENTE, kein Quatsch. Sie kleben zusammen, als wären sie Quark. Als wären sie eben von einem Kieslaster gekippt.

4

Das nächste Dorf, ein Haar war am Kirchturm hängengeblieben, grau oder blond. Wie kommt das Menschliche auf die Dächer? War es ein Vogelhaar? Das Dorf teilte sich umgehend in zwei Parteien. Seite des GEHEIMNISSES, Seite der Phänomene. Rundköpfe und Rundköpfe. Du darfst das nicht. Verschwinde. Zu dir muss man nicht mal danke sagen. Du bist die Realpublik. Du bist die Nominalenz. Der König minus die paar Zentimeter. Am Ende des Tunnels ein kratzendes Geräusch. Vom Ausguck sah man ein Krähennest und von dort aus sah man andere Dörfer. Auch hier die Türme behaart wie Tassen.

5

Das nächste Dorf, über das die Katze hopste wie über einen Kaktus. Nicht weit davon ein Mädchen im Liegestuhl, telefonierte mit seinem Vater. Wir waren ganz Ohr, der Bürgermeister, der Pfarrer und ich, hatten wir doch DEN SPRUNG VERPASST. Waren wir Zwerge damals, so glitzig wie ein schnell gesprochenes Wort? Die Stimmen der Frauen mitunter, hoch über den Wolken. Hyperion. Die Kerle, Kellerorgane vom Pils und vom Kohle schaufeln. Es schnaufte die Lokomotive im Diskant. Das Mädchen summte in sein stilles Ohr: *do the locomotion*. Und Oskar schippte alles aufs Papier. Wir waren Leute mit L oder höchstens mal mit einem R. Wir waren krumm mit dem Buckel, aber dieser Katzensprung blieb in uns als Plädoyer, wie eine Avocado, aus der ein Drache schlüpft, *lingua franca, lingua pectoris, in sina Zungun scribit.*

6

Das nächste Dorf mit einem Dialekt, abgelauscht den weichen Wiesen von Vézelay. Ein ungeduldiges Sprechen, das sich nicht mal Zeit für die Dentale nahm. Die Leute berühren ihre Worte kaum mit den Lippen, sie sind offen gesagt froh, wenn der Satz zu Ende ist. Ein Dorf der Schussel, der ungebundenen Schnürsenkel, der heiseren Ansprachen IM TANZSAAL, gleich hinterm Kornfeld. Intimer ging es anderswo zu. Ochgottchen kleine Entchen, *dü lievi Zit*. Auch hier eine Eile, als hätte man keine Zähne im Maul. Und das im Brustton, Mannemer Gosch. *Do sinnse jo widder, mei drei Knoschpe. Großgoschier*, Dürstling, Fäumlappen. Tote Sprachen, abgemagert und ausgespuckt von den Witwen eines nativen Soziolekts. Sonderzunge, lektale Zwickmühle, ich kann den Wortlaut nicht sprechen, ich habe ihn in mir, wie die weiche Weste eines Wandergesells.

7

Das nächste Dorf, nicht wirklich konkret, weil es keinen Anfang findet. Immer kommt etwas dazwischen, wenn es mal losgehen soll. Im Steiße meines Angesichts. Ich bemühe mich. Jetzt ist vielleicht der erste Pfosten gesetzt, ein ZAUN drumrum, fertig. Wir können spazieren. Wir begeben uns zum Eingang der nächsten dinglichen Ortschaft. In Gimmeldingen steht die Sachwelt kopf. Ein schöner Fleck, der uns nicht gefällt. Wir rennen zurück und reißen den Pfahl aus dem Maschendraht heraus. Hat hier nicht schon eine Katze übernachtet, eine Eidechse sich gesonnt? Egal, wir finden doch was, auch wenn es den Steinen an Mörtel fehlt. Eine Würstchenbude wäre nicht schlecht, in einem Feld von Senfklee. Oder eine technische Glasur für Käsegebäck mit Kirschbeeren. Das kitzelt uns in der Kehle, die wir schon fast in Straßburg sind. Das war ja auch nur ein Dorf, bis der Fischart das Schnokeloch begrünte. Auch er so ein Anfänger wie der Gensfleisch, so ein Papalagi der höheren Art.

8

Das nächste Dorf, nicht wirklich konkret, weil es keinen Anfang findet. Dabei ist es nötig zur Erziehung eines Kindes. Um es zu zeugen, genügen Eltern. So ein Dorf ist schnell gebaut, zwei Leute, betrunken vor einer Waldtapete, es ist Ostern im Osten und der Schmied beherrscht sein Handwerk. Derweil trinkt sich der SCHÖNE INGO in den Forst hinein. Manche Häuser sind von einem Hof umgeben, darin wird jetzt schon geklöppelt und gestrickt. Gehe ich, fällt das Dorf zusammen. Ich habe einen Duft, der nicht ganz mir gehört. Ich bin zuweilen ein Kind, das durchs Dorf gezogen wird.

9

Das nächste Dorf, den Spießern ein Dorn im Auge, weil es sich zeigt und dann wieder zwischen den Hügeln verschwindet. Man hat es in ein Tal gebaut, aber vergessen, dass es überlaufen könnte WIE DER BREI bei den Brüdern Grimm. Jetzt ist die Umgebung übersatt, schon das Frühstück kommt einem hoch. Ein Überraschungsgast bringt alles durcheinander, wie man beim Doppelkopf die Karten mischt. Das Dorf verknüpft dann seine Gassen zu Knoten und rutscht in die Ritzen der Berge hinein. Kotzarbeit!

10

Das nächste Dorf, entspannt notiert, die Konturen schon gezogen, aber es hapert. Viele Dörfer sind nur leere Hüllen, weil eine kleine Stadt in der Nähe ist, mit einzelnen Büros und Excel-Tabellen. Hier ist es umgekehrt, die MASSE wäre schon SCHATTIERT, es fehlt nur die Wirklichkeit mit ihrem Hauch. Ein Frost wäre schon vorbeigekommen, während anderswo die Gletscher schmelzen. Es ist warm, man trinkt Tuniberg, vermisst vielleicht einen Odenwald. Ein Permafrost aus Pirmasens. Wir sind wieder Kinder und eimern im Sand. Wir sind kleine Scheißer, Windeln um den Arsch, Steine in den Ohren.

11

Das nächste Dorf kommt so sicher wie das Amen. Es ist aus Holz und Pappe, quasi schnell gewachsen, um eine Lücke zu füllen, die sich hier auftut, weil man mal einen Augenblick nicht aufgepasst hat. Der Ort könnte einem leidtun, wenn er nicht in der Wüste läge und seinen Mangel an Wasser mit Spielgeld auszugleichen versuchte. Man steht AUF DEM SCHLAUCH oder man schaut hinein. Es fehlen einem die Worte, Menschen vor ihren Hütten, um sich zu prostituieren oder sie schnitzen an Gottesmütterlein, die keinem so recht gefallen können. Die Lücke ist jetzt zu, man muss sie nur noch freilegen und dann schrauben, dann versiegeln. Wo ist jetzt wieder der Hausmeister, der uns versäckelt, wo sind all die Lasveganer, wo sind Siegfried und Roy?

12

Das nächste Dorf, halsbrecherisch erbaut von Raubrittern an einem Abgrund aus Dornen. Eine freche Natur bei Stollhofen. Man hatte zerschundene Knie und einen zerkratzten Hals, wenn man nicht achtgab, also aufpasste. Die Mutter schnitt einen Apfel in Scheiben, drückte die Kerne aus der Mitte in eine Tüte. Der Vater zeigte sein Orangenmesser vor, erzählte sogleich eine ROLLE STACHELDRAHT und Linsen mit Getier. Das Dorf war durchaus bewohnt, Leute hatten Purzelbäume gepflanzt. Man erwachte und in den Schuhen stand das Bier. Man rannte sich die Seele aus dem Leib, eine paradoxe Strecke, lang wie die Latte an einem Zaun, der von Kindern gestrichen wurde. Es war der Tag der Bienen, die sich ihren Honig zurückholten. In Zukunft müssen wir halt Pfeifenrauch schlotzen. Im Zukunft kriegt der Kuckuck von uns ein Ei.

11

Die orphischen Dörfer

1

Das nächste Dorf trocken im Reis,
bevor ihn die Mäuse fressen. Dicht an dicht bei den Säcken die
Sicherheitsleute, im Ohr einen Knopf, die Fäuste in die Hüften
gedrückt. Dahinter zählte man das Geld und stopfte die Patronen.
Die aufrechten Männer, rassig und muskulös wie Traktoren. Im
Zwischenraum ein lockiges Wesen, das keiner bewachte. Mariezibill
hätte anders ausgesehen. Man glaubte ihr Bild auf den Banknoten
zu sehen, aber das war schon so verschwommen, gebläht wegen
der Inflation. Das Reisig band man zu Besen, denn plötzlich
REGNETE ES ROST. Oben in den Alpen machte sich Vulkanus zu
schaffen, oben in den Alpen.

2

Das nächste Dorf so dahingesagt
und dann wieder weggequatscht. Hat man es verstanden, ist es
ein Wald vor lauter Bäumen oder eine Liebe, die mit ihrem Tüchlein
in der Lichtung steht. Das Dorf der Tiere? Anderswo. Frag einmal
den schlechtgeliebten Apoll. Frag einmal Marie Laurencin mit dem
BLAUEN DENIM aus Nîmes. Frag einmal die Hutfrauen, eine nach
der anderen, ob ihnen die Obacht schwerfällt.

3

Das nächste Dorf, geformt von
Händen, die keinen Schweiß kennen und keine Stirn, wenn sie zu
wischen wäre. Beim Reden mied man Vokale und der Kies auf den
Wegen war weich und alt. WÜSTENBODEN, gebacken aus Stein:
Blätter fielen von den Stadtbäumen, wurden äolisch zusammengefegt. Antwort der zaporogischen Kosaken. Hoffentlich gibt es
noch Bienen, die uns in die Gläser fallen. Hoffentlich geht das so
weiter und hört einmal auf.

4

Das nächste Dorf gibt dem Baron
eine Stimme. Es ist D'Ormesan mit seiner Frage: Haben Sie mein
Pferd gesehen? Ich ließ es hängen hier auf der Terrasse über der
Lehne von sonem Plastikstuhl. Ein Notizbuch ist drin und alle Karten
dieser Welt. Das Gold der Tolteken und ein kleines Eukalyptusbonbon.
Gibt es über den Landkarten noch Luft? Sind wir in Granada gewesen? Der Baron zeigt uns die Welt in einem ARRONDISSEMENT.
Abgerundet wie ein Square das ganze Gebiet. Überall lässt man es
sich schmecken: Löwenwurst. Wie jeder weiß, wurde Paris aus
Resten zusammengefegt. Mit einem Hühnerflügel oder von einem
halben Pihi. New York aber aus Leuten in karierten Hemden, die
man mit dem Lasso herbeilockt, einer davon Vulcănescu, der
damals noch hinkte, heute aber auf dem Ambulator sitzt.

5

Das nächste Dorf fest wie ein Schuh,
also die Häuser standen in großen Steinen und in feuchtem Kies.
Anderswo waren FAHRZEUGE, laut wie ein JUMBO, wenn man
startete oder die Straße zu teeren war. Blätter flohen wie irr vor
einem Fahrtwind, während die Bäume bereits tot waren, die Wipfel
gekappt wie Palmen in Eden oder einer Oase namens Espadrille.

6

Das nächste Dorf reserviert für
Apachen. So arm sie sind, keiner kommt ohne einen Witz über die
Brücke. Wo sind die Beinchen der Zahlen? Sind sie lang wie die der
Schrift? Kann man sie mit einem Lasso fangen, wie einen Dachs,
dessen Rücken uns den Winter erklärt? Zählen heißt den Atem
eines Höhlentiers riechen. Wespen wittern den Menschen und
nennen ihn bei sich ebenfalls Dachs. Farne und Schachtelhalme
erstarken im Wind, es wird wärmer, ein neues Klima. Paulus AN
DIE APACHEN. Gernhardt bei Harald Schmidt, wütend über den

Zwischenapplaus. Alles Freunde meiner Jacke, die eben noch leer
über einem Stuhlrücken hing. Jetzt ist der Kittel geflickt, die Birne
geschält, das Wiesle gemäht. Ob Hose oder Stoff, mein innerer
Feind sind die Leute, sind wir.

7
                                 Das nächste Dorf eine Lichtung im
Geflecht der Straßen. Wie es in den Wald ruft und ob noch Schnee
liegt oder schon das tote Holz von gestern? Einer spricht mit
Gestrüpp in der Nase, der nächste ist bartlos, ein Bartholomäus
ohne Haut, ohne die Pferdedecke aus Iffezheim. Inzwischen ist
Halbzeit in der ZONE, ein Mittwoch im Sabbatäischen Jahr. Inzwi-
schen rundet sich alles um die Zunge, eine Kopfherde bricht in die
Metro herein … Applaus, aber mit Handschuhen!

8
                                   Das nächste Dorf: Hier hängt man
die Heiligen, solange sie noch am Leben sind. Man bringt ihnen
das Ertrinken bei, bevor es das Meer tut. Hier heißt es Chili con
Carne statt Silikon Valley, Bamberg statt Bombay, Bayreuth, ein
Beirut FÜR FEIGLINGE. Die Religion des Ortes, verlassen, schwächer
als erhofft. Man spricht ein schwebendes Schwäbisch, reist von
Krankfurt nach Siechburg, von dort geht es dann nach Fluchhafen.
Ich las das im Dehio. Er sah das Dorf von Denkmälern verstellt. An
manchem Stein so ein pädagogischer *turn*, Himmelswiese o. s. ä.,
outdoor Literatur.

9
                                   Das nächste Dorf, rätselhaft, zwei
Jahreszeiten und ein bisschen Pfeffer, Salz. Als die PRISE noch das
Meer befuhr mit Elisabeth und Captain Drake, da waren es drei.
Meine Roža ist aus Böhmen, man muss sich schämen. Fräulein,

essen Sie gerne Erbsen? *Nei, die kullern mir immr vons Massr.*
Woher all die Dörfer plötzlich wie aus der Flasche, wie aus Fleisch?
Es gab Städte genug, klassische Agglomerationen, denen fehlte es
nichtmal an Zeit. In unserem Weiler ist die sehr dünn geworden,
verteilt sich noch streng und schlüpfrig, ein bisschen da, ein bisschen dort. Erinnerung an das Ungeschehene bringt uns nicht weiter,
aber kostet. Kann man es auch geschehen machen? Sicherlich
schwankt man zwischen Unkies und Kies. Hier ist die Sandgrube,
bedien dich für die Bestattung deiner Leute. Sei laut mit ihnen,
solange es die Saison erlaubt.

10

Das nächste Dorf, rätselhaft, zwei
Jahreszeiten aus dem JEDÄCHTNIS *meiner Jroßmudda.* Man bleibt
stehn an den Vorgärten, *kiek ma*, flammende Herzen. Viele solche
Dörfer passen in eine alte Frau, Orte, in die man keine Bananenschalen wirft, *nichma n* Taschentuch. Es kommt auch nichts mehr
hinaus. Gitter überm Bach, Kaugummi und Kippen, nicht von uns.
Aus gebogenen Balken die Lügenbrücke. Aus Berlin der Schloss-
jarten. Wir treten an zum Jäten. Als die Römer frech geworden.
Simserim. *Kiek de Ulsch. Pulle vorn Kopp.*

11

Das nächste Dorf zog sich nach
Nord wie nach West, es war nicht leicht, da noch hinterher zu
kommen. In der Mitte ein Messplatz. Zu den Feldern hinaus kein
reißender Fluss, eher eine septentrionale Erstarrung, Spitze des
Eisbergs, sorgenvoll betrachtet von Spaziergängern, die manchem
Entgegenkommenden entlarvende Fragen stellten. Auch UNTER-
WEGS? Essen Sie Gelbwespen? Der Norden hat etwas für sich, wenn
man sich nicht vermummt. Hier wäre ein echtes Fließen besser
gewesen, wir sind ja nicht in Laibach, wo das Wasser ungekocht
ruht. Wir sind ja nicht in einem parabolischen Preßburg. Wir kommen

ja nicht von der Geburt. Gewiss bist du ein septisches Skelett, paar-
flüglig im Dress aus Knüffen.

12
                    Das nächste Dorf, eine Ziegenpresse
im Rathaus und der Rhein im *stand-by*. Man erzeugt den Rotwein,
weil der Riesling wie blondes Haar auf den umliegenden Hügeln
wächst. Unterm ZEIGER Jehovas. In Cochem ist der Rhein weiblich
wie in Australien und hört auf den Namen Moos. Vielleicht ist es
das grüne Vitamin, das uns hier so zu Kopf stieg? Wir schrieben
uns heimlich auf Hauswände mit einem großen C. Wir malten auf
Schildchen. Wir sind der Herr Pfarrer, der den Lorbeer versorgt.
Kauften Birkenwasser im Bioladen, um die Bäume zu gießen. Soffen
die Ziegen auch so, die innerlich roten Ziegensäcke.

12

Die wilden Dörfer

1

Das nächste Dorf, handlich notiert,
also der Hans kann es nicht lesen, der Michael tut so als ob und die
anderen sind ohnehin schon verschwunden. Die Dörfler machen
Miene wie gekränkte Kalauer. Sie arbeiten schwer und in der Pause
fällt ihnen der Hammer auf den Fuß. Wir sehen diesen Flecken
durch den Schleier der UNDEUTLICHKEIT. Wir tragen schwer an
unseren Händen. Das Dorf ist schon lange kein Wald mehr, aber
die Felder liegen weiter unten. Ein Weiler dauert. Die Damen tragen
Kopftücher, wenn sie von der Liebe singen, ist alles von Semikolons
zerstückelt. Sie schälen Kartoffeln und die Männer rasieren sich
dazu. In der Mitte stört kein Strohhalm den Stein der stehenden
Zeit. Jetzt gehen wir nachhause, das versteht ja wieder kein
Schwein. Eine Wildfrau wohnt oben in einer Höhle, deren Namen
für einen Kleinwagen Patin stand. So ein Tier fährt immer mit, als
Maskottchen, aus Wolfsburg ist das Paket.

2

Das nächste Dorf, nur um es aus dem
Kopf zu kriegen. Um aus Scheiße Dreck zu machen. Um zu suchen
und zu finden, denn selbst essen macht fett. Um den Finder zu kriegen. Den Hut meines Bruders. Um es ein für alle Mal wegzuätzen aus
der Erinnerung. Um auf seinen Bänken im Schlaf den Mussolini zu
tanzen. Um vor den Bildern zu knien, die in diesem Dorf hergestellt
wurden und in alle Welt verkauft. Um den Jesus zu scheren in Ammer-
gau. Um mit einem Ordner unterm Arm dazustehen, ein Architekt
der vergessenen Gebäude. Der einstürzenden Bauten, in die Wald-
wege des Erzgebirges getreten. Um zu, UM ZU! Um dieses Dorf, um
alle Dörfer zu verlassen als wäre man ein Teil der Bewegung.

3

Das nächste Dorf ganz jung, aber
krumm wie ein kleiner Zeh am Fuß der Blauen Berge. Auf die Dauer

hilft nur Power. Des Nachts stieg man ins Hemd und wanderte mit den Schatten zum Vieh hinauf. Die Gegend war tatsächlich aus Karton oder schlicht ein Plastiktütenmeer. Wenn mein Vater jetzt aufstehen könnte und das sehen, er würde sagen: Ich bleibe lieber tot. Einer stand Schmiere, eine war ein Fluss geworden. Von den Blauen Bergen kommen wir, haben Schwänze wie die jungen Stier. Krumm, wie der Bulle pisst, das ist die PLÖCK in Heidelberg. Ich bin einer von denen, schon immer gewesen. Gilt auch für dich, Jayne, dünn wie ein Polizist!

4

Das nächste Dorf verschwand, sobald man ihm den Rücken kehrte. Aus den Augen, aus dem Sinn. Seine Löwen waren zahnlos, seine Dächer aus Luft und Guano. Häufig saß die Dunkelheit des Nachthimmels mit am Tisch. Man kehrte dem Dorf also den Rücken und es war fort. Auswandern nach Hause. Das hieß harte Arbeit, *bis ich mich ewig abkasteit*. Ich bin weder Öl noch ein Block Margarine. Ich bin wie Seife, aus dem Gesicht gewaschen. Ich bin: Kenn ich nicht, rasier ich nicht. Ich halte fest, was mir entwischt. Die SPRECHWÖRTER (Heißenbüttel) hängen uns zu den Ohren hinaus. Ich bin das Dorf in seiner unwahrscheinlichen Form, etwas zwischen »rund, rund« und »na und«.

5

Das nächste Dorf, die Idee zweier Dörfer mit viel Platz dazwischen für ein Viel an Materie, die sich, wie immer, einfach so durchmischt. Auf den Bäumen wachsen Schafe und machen den Kattun. Wir sehen zu, wie die Blüten immer größer, die Bienen immer kleiner werden. Wir sehen einen Kant, dem das SACKTUCH aus der Hose hängt. Wer arbeitet da schon wieder auf den Feldern und Plantagen? Wer surrt hier mit den Rädchen einer inneren Idee? Das Riesenrad ist noch nicht abgebaut, da bleibt manchem schon der Motor auf der Kreuzung stehen, weil der Tank leer ist. Auch in der Ideenwelt ist kaum ein Vorwärtskommen, es sei denn, das Denken gabelte sich an einer Stelle, La Fourche im soundsovielten Arrondissement, ob wir auf- oder abrunden, werden wir noch sehen.

6

Das nächste Dorf, verschenkt an die Zukunft, von der Vergangenheit abgekauft für einen APFEL und ein Ei. In euren Erinnerungen drängen sich die Wörter, hier habt ihr Platz für die Stühle eures Gehirns. Auch ein paar Mäuse wurden freigelassen, denn ohne Katze möchte keiner Bauer sein. Die Leute hatten damals noch fast keine Namen, die Frauen ein Kopftuch zur Unterscheidung. Das Dorf wuchs im Frühjahr, im Nivôse streckte es sich unter den Schnee. Es war Wachs in den Händen der Kirche und ein männliches Lachen, wenn man die Stube betrat. So fließt es dahin in die Zukunft, der es einmal gehören könnte. So bleibt es hocken im Herrgott, der hier eine Kehre macht. Wer war zuerst, der Apfel oder der Adorno? Die Dialektik oder die Theodizee? Die Zukunft war jetzt schon lau, nicht ihr Ding, den hohen Preis zu zahlen.

7

Das nächste Dorf, wo man sein Brot mit vollem Mund aß. Es lag in der Landschaft wie hingespuckt, ein schwarzer Fluss fuhr hindurch, der den Bewohnern die Freude nahm. Es war größer als Hamburg, freilich ohne den Sex. Die Leute hatten auch kein Geld in der Tasche, sie kamen nicht auf die Idee. Wer sich hier aufhielt, dem war Beständigkeit ins Gesicht geschrieben. Konstanz wäre die Alternative gewesen oder wenigstens Bad Ems. Aber keins von beiden unser Konglomerat, heftig zusammengebacken, wenn nicht betrunken zusammengefickt. Manche Bakterien sind groß wie Waschlappen. Manche AMEISEN kommen zu spät im Alphabet. Je voller der Mund, umso besser die Aussprache. Hattet ihr keine Kinderzeit, Leute? Habt ihr wenigstens starke Arme, habt ihr Mäuse an den Knochen und Zehen im Mund?

8

Das nächste Dorf, wo man sich mit
einer zusammengerollten Zeitung schlug. Einer holte aus, der andere lief schon mal ums Feld. Im Bach waren die Steine bald gar.
Generation Goldfisch. Man aß alles mit allem gewürzt, man betete
zu allen Göttern, die keinen Spaß verstanden. Ständig fällt einem
etwas ein, das hier noch fehlen könnte. So kriegt man die einfachen
Dinge zusammen, man hat sie oder man hat sie nicht. Ein DRAMA,
das sich ständig wiederholte, ein Witz, dem stets ein besserer folgt,
aber es hört schon keiner mehr zu. Die Leute konnten nicht verlieren
und siegen war ihnen zu schwer. Notfalls brachte man sich um die
Ecke, kältestarr wie man war.

9

Das nächste Dorf klandestin wie ein
Lehnwort, geschenkt ist geschenkt. Hier gab es Fremdenzimmer
mit Fließwasser. Wenn die Erinnerung schmerzt, sind es die Wörter,
nicht das Dorf. Ich gehe einen Bach entlang nach HINDELANG. Keiner soll mich sehen. Ich trage gelederte Hosen, ich bin kleiner als
Thomas Kling. Ich esse Zunge an einem Mittagstisch. Die Oma singt:
Alles vorbei Tom Dooley. Die Oma, die überall Sprüche austeilt. *Nu
sitzik hier, nu sitzik hier un keene Seele danzt mit mir.* Andere Sachen
stehen geschrieben auf Baumscheiben, an denen der Lack nicht
spurlos vorüberging. Noch vor dem Morgenrot, ist es geschehn,
Tom Dooley. *Do, did.* Dooley. Wir sind jetzt plötzlich bei den Unter-
hunden zuhaus. Wir pflanzen die Mandel der Revolution.

10

Das nächste Dorf, ich nehme es wie
es kommt, ich habe es eilig. Jede Halbheit ist mir willkommen,
jeder Silo, jedes versteckte Brot. Doofmuseum. Es war einmal ein
ratloser Weiler, bestehend aus Dingen, starr wie Zucker, bescheiden
wie ein SUV. Zum Fürchten das Lächeln der Frauen, groß wie ein

Hund. Die Zeit ist ein besonderes Wesen, ein See aus TÄTIGKEITEN und die Fische in diesem See sind ebenfalls Zeit. Wenn ich es eilig habe, dann stur geradeaus, wie es die Buchstaben in ihrem langsamen Schritt tun, tun müssen. Meine Eile folgt einem Strang, der die Natur an Ort und Stelle zurücklässt. Meine Eile ist unzugänglich, so verschließt sich ihr umgekehrt jedes dickichte Dorf, an dem sie vorbeikommt, mag es noch so physisch sein. So eines sollte man meiden, dem nächsten weichen wir aus.

11

Das nächste Dorf, Krumme Lanke oder höchstens mal Müggelsee. Wenn ein Schuss fällt, bleibt es stehen, Schweigeminute. Die Mücken isst man mit Maden, Pilzragout, die Dame hat den Pelz schon abgelegt, darunter ist sie nackt bis auf die Baumwolle. Der Champagner ist angetrunken oder ein KORKEN schützt ihn davor. Dieser Ort wäre ein einziger Stau, die Straßen wie mit dem Lineal und dann gezogen bis die Reihe beinahe bricht.

12

Das nächste Dorf, Krumme Lanke oder höchstens mal Müggelsee. Wenn ich damit fertig bin, kannst du es haben. Du brauchst es nicht, aber du kriegst es von mir. Du kannst hier eine Dose Fisch aufmachen, wenn du hungrig bist. Nimm einen spitzen Stein oder riskiere einen Schraubenzieher. Nimm einen *scrupulus*. Es riecht nach Tulpenzwiebeln, ich nehme es aus der CLOUD. Die sieht aus wie ein Kleid, ich klappe den Laptop zu, es wird Regen kommen, ich gehe mal an die Humbo. Und wenn du etwas trinken musst, ist Wasser da im Überfluss. Es gibt auch einen Brunnen mit Wackersteinen, es rumpelt und pumpelt in deinem Bauch herum. Ich bin fertig, nimms und mach was draus. Meinetwegen Geißlein, meinetwegen steinerne Zeugen im Zelluloid.

II

1

Die demütigen Dörfer

1

 Das nächste Dorf, nimms als das
Foto von einem anderen Dorf. Oder, besser: Nimms als das letzte
seiner Art. Aus lauter Welt ist es gemacht, es liegt auf seinem
Territorium und streckt sich in die Dimensionen. Wir hätten es beinahe vergessen, dabei ist es aus festem Stein gebaut. Gut, schon
mit einem BISSCHEN GERÖLL. Seine Dächer glänzen in der Sonne
wie früher ein Familienbild, wo sich die Ungleichen unter die Glei-
chen mischen. Sonst ist das Dorf ganz bei sich, es brauchte nicht
einmal Bewohner, obwohl es sie gibt. Nicht immer rennen sie so
durcheinander. Was sagt die Henne angesichts eines Omeletts?
Häufig sitzen sie artig in den Hütten und spielen sieben Geißlein.
Häufig erschrecken sie, wenn man mal was sagt.

2

 Das nächste Dorf, nimms als das
Foto von einem Weiler, der sich hier Zeit lässt, obwohl er sie
nicht hat. TRÄGE UND TRAGISCH wie es geschrieben steht. Reiß
dich zusammen, geh vor die Tür, schreib auf, was du siehst. Die
Zeitung druckt den Fluss, die Brücke, das Schloss und denkt, sie
könnte so die Welt lenken. Sonst nur ein paar Zinken für Kinder,
die Erwachsenen haben keine Augen dafür. Die Zeitung raschelt,
wird geohrfeigt. Bring das alles in dieses Dorf hinein. Pflanze ein
paar Häuser mit einem Schäufelchen. Gib ihnen Dorfgeruch. Gib ihnen
Insekten. Streiche sie in den Farben ihrer Zäune. Leg sie sanft in
die Falten einer Landschaft, als müsstest du einen Wohnsitzlosen
damit zudecken.

3

 Das nächste Dorf von Chronopen
in den deutschen Dreck gebaut, um zehn war schon so viel Staub
in der Sonne, dass die Vögel nicht mehr zu hören waren. Auf den
Feldern zog man die Karotten am Schlafittchen ans Licht. Das war

wie gesagt in einer Zeit, als HELLIGKEIT größtenteils aus Staub bestand. Nachrichten lesen war hier nicht, sich was hinter die Binde gießen schon eher. Einen Kran hatten sie nicht, keine Krähe, nicht einmal ein Huhn. Meine Frau füttert die Eichhörnchen mit Müll. Eine Musik ist schon in der Ferne und man putzt sich das Fahrrad dabei.

4

Das nächste Dorf, weit hinten im Mittelreich. Kleine Teiche, ein goldiges Nixlein, der Gesangverein Xangó. Hieronymus zieht den Spreißel aus der Löwenpfote, höchste Zeit! Das anonyme Tier geht gleich den Esel hüten. Die Mönche haben jedenfalls das Weite gesucht. Jetzt aber, Leutschings, konzentriert euch. Ein langes Denkdran, das am Nixlein hängt. Man zahlt mit Muscheln oder man bleibt auf seinem Geld sitzen. Die Mollusken musst du erstmal finden, sodann essen, erst danach kannst du was geben. Heute ist fast alles umgekehrt. KÜHL IST DAS BROT, aber kriegt man so die 64 bit gebacken? Das Dorf lag in einer Senke, habe ich das schon gesagt? Unerreichbar für die Brüder Chamoiseau. Aber sichtbar für jeden dahergelaufenen Tippel. Zu schweigen von so einem König, der aber nie vorbeikam. Auch nicht sein Sohn, dessen Küsse nach Zahnpasta schmeckten. Das treibt die nächste Lady in die Unterführung hinein. Dort ein Ägypter, aus den Kartuschen gekloppt. Die Knochen der Echo, Ribérys Mammellen oder das andere Ufer der Queen.

5

Das nächste Dorf, Homestories. Ostern hochgeklappt und Pyngstn hochgeklappt. Zur Täuschung hatte man da und dort Schmuckbagger aufgestellt. Absperrung à la Denise: Hindernisse hinter gestreiften Bändern. Es war halt *toque de queda* und *tiltott*. Die Uhren schlugen an wie Hunde. Stehenbleiben war ansteckend, mitsingen war ansteckend. TIL, UTIL,

INUTIL. An den Platanen Früchte wie Heuschrecken. Fernfahrerzinken. Schwingende Lieder waren ansteckend, Wasser war ansteckend und die Samen eines Sträußleins Petersilie gut gegen das Kind.

6

Das nächste Dorf, eher Regenbogen als Gargantua, eher Lotterbibel als Geschichtsklitterung. Man denkt zuerst: ein Frosch! Aber dann ist es doch eine Frage. Aus der Ferne, kaum zu sehen die Dörfler, aber vielleicht doch ein wenig ZU GUT GELAUNT. Wo Menschen wohnen, kann es da und dort meucheln. Oder es donnert aus finsteren Fenstern. Jetzt sei kein Beuys, sei ein Sey. Park deinen Oppel um die Ecke, sonst schleppt man ihn ab. Den Regenbogen retten? Die Frage springt uns entgegen, ein ganzes Gebäude aus Enigmen. Wir wissen, wo der Regen steht. Wir wissen auch den Schlachtruf der Blutwürste (Rabelais).

7

Das nächste Dorf, wenn du es suchst, versteckt es sich hinter einem Stein. Oder es springt in den Bach und hält sich dabei die Nase zu. Es gibt ephemere Dörfer, die existieren gerade mal für ein Sonntagsgeläut. Du nimmst dir diese Agglomerationen aus dem Augenblick heraus und schickst sie dann gleich wieder in den Augenblick zurück. Anstrengend, aber die UNSCHULD verliert man ja auch nicht so leicht. Sind das portable Weiler oder Hafeneckdörfer? Fragen, Fragen, Eier suchen. Also hier hätten wir das Dorf mit dem Huhn auf dem Kopf aus der Geschichte der Empfindlichkeit. Alles dem Leiris abgeschaut, beim Schafehüten. Alles außer Nasenbluten, das war Oskars Ding an einem Totnsonntach mit Wosinn. In den kleinen Wannsinn. Haferkern oder Krennudeln mit geriebenem Mustapha.

8

Das nächste Dorf, hierhergeblieben
und aber lieber nicht. Sich nicht von der Stelle bewegen und
Wunsch der Rückkehr. Es war ein Bergdorf, wobei sich Oberteil und
Unterteil bis weit in die Ebene erstreckten. Man sah es durch ein
Zwillingsrohr, auch nicht immer deutlich, eher plattdeutsch als
überall alemannisch, krieg das mal zusammen, es ist alles ja nur
eines von vielen. Aber SOLCHE habe ich immer dabei. Auch solche,
solche und solche. Schau mal in meinen Geldbeutel, der eine Börse
ist. Schau mal den Schlüsselanhänger, den gibt es aus Erz.

9

Das nächste Dorf, hierhergeblieben
und aber lieber nicht. Geh hinein, du wirst schon sehen. Wanderer
kommst du nach Wittgenstein. Du musst nur alles IMITIEREN, was
man dir vormacht. Du kannst hier alles fotografieren. Du hast den
Wortlaut bevor du ihn verstehst. Das Denken ist eine Grimasse. Das
Denken und sein Echo. Die Vorübergehenden sprechen Latein. Was
kostet ein Kilo Kanonen? Ein weiches Ei, mehrere Vaterunser. Überhaupt sind hier die Preußen durchmarschiert, seither kocht man
ohne Soße. Alderle, Alderle, hast du gehört? Ohne alles, eine Wette
mit dem lieben Gott.

10

Das nächste Dorf, wer es gelesen
hat, findet es wie ein PHILO GEFÄDELT, also die Straßen und Gassen
sind eine Schrift. Die anderen gehen vorbei und wissen nichts davon.
Es ist angelegt wie ein künstlicher Körper mit vielen Organen,
Unzähligkeit ist sein Prinzip. Ich sehe schon die Sprünge in seinen
Gedanken. Eine große Schüssel, aus der Sand rinnt. Ich höre schon
das Echo der Primzahlen. Also eine Majorität von Milcheimern.
Klappern wie Arnold in seiner katholischen Zeit. Obst überall,
getürmte Zitronen. Die Menschen in den Gassen inwendig ent-

flammt, Vulkane im Hinblick auf ihren Verzehr. Jetzt geht wirklich nichts mehr rein, meldet der Kopp an den Capo. Der schreckt hoch, noch nicht in Strümpfen, ist er ein Schwerdenker, vielsagender noch als der Schlotterdeich.

11

Das nächste Dorf, DIE SACHE mit dem Bankraub. Die Sache mit Debussy brät mir ein Hammelkotelett und ich spiele auf dem Flügel dazu. Die Sache mit dem Hund, dem schwierigen Verstehen, dem raschen Missverständnis. Die Sache mit: Alle meine Brüder heißen Heinrich, außer Otto, der heißt Friedrich. Die Sache mit der Schrecksekunde. Musik von Anton von Webern. Wie war das nochmal im Kino? Bevor der Vorhang aufging? Die kleine Bank im Alsterpark. Ich wäre Satie und ließe es mir schmecken. Ich äße langsam, die Birnen hingen ins Wasser. Verstehen heißt genießen, so ein Dorf ist zu klein für zwei Leute, sofern sie sich lieben, ist es auch ein bisschen zu groß.

12

Das nächste Dorf, wenn man mal traurig war, ging man hier spazieren. Die Wolken hingen knapp über der Bergsteigerkante, die Häuser zogen sich IN DIE LÄNGE, man schaute über den Platz hinweg wie in eine Grube hinein. Glottertal, Leute, Atemmasken, geflickte Jeans. Die Atmosphäre schnaufte ihr Lied dazu. Lass man, hier zu spazieren ist schon schwierig genug. Man schraubt sich in seine Tiefnäsigkeit wie Giacomettis Hund an Becketts Leine. Es riecht im Winter penetrant nach Briketts. *Hinaus in die Ferne / fürn Sechser fetten Speck.* Was haben wir getan, dass es überall nur schnieft? Kann dieses Dorf jemals zu groß genug sein? Schande, wie unsere Nasen weich werden und dann wieder hart.

2

Die undankbaren Dörfer

1

Das nächste Dorf, in dem es schon wieder zu regnen anfing. Wo man die Taschen vollhatte mit Kram und die Knöpfe offenstanden. Wo einem DIE WÖRTER nicht kamen und der Bus nicht halten wollte. Wo die Treets in der Hand bereits geschmolzen waren, während man Engelbert, dem Blöden, lauschte. Die Straßen zu eng, die Wege dafür etwas zu breit, oben und unten ein Unterschied wie Tag und Nacht. Lag es nicht im Sand einer Grube? Wurden hier seltene Erden gefunden und abgebaut? Überall Phallo- und Logosteine. Männlein die Bewohner, die sprachen wie jene Frösche, die früher einmal Spötter waren. Die Umrisse des Dorfes eiförmig wie Ovid, also eine Schleife um Rom und wieder zurück. Jetzt ruft der Benn an und das Auto bleibt stehen. Ich steige mal aus, um eine Schnake zu ficken.

2

Das nächste Dorf, hier war jeder ein Bauernladen, hier war jeder scharf aufs Geld. Man hatte Lauch, Kartoffeln, rote Rüben, aber keine KNETE. Das Zeug wuchs eher in den Himmel als in die Erde hinein, gesund war das nicht. In jede Miene stand geschrieben: *J'suis dans le business du CASHmere.* Man soll sich hier nicht die Nägel schneiden. Man kämmt sich nicht in diesem Dorf, also halten die Alten die Sache am Laufen. Es sind auch die Frauen mit dem Stressgebiss am Käsestand von Dingsda. Nicht gerade windschnittig die Konturen und seine Filialen sind ja Söhne und Töchter, wenn man es wörtlich nimmt. Agricola, Ackermann, eilet froh des Morgens auf das Feld. Wozu der Genitiv? Er kostet halt nix. Darf es ein bisschen mehr sein? Darf ich mit dem Daumen ein wenig auf den Dativ drücken? Darf ich den Mühlstein mit dem Schlauch abspritzen? Dörfer dürfen, das ist schon lange klar.

3

Das nächste Dorf, erbaut aus Wespenpapier und besiedelt mit Rüpeln in Sandalen. Man hört wirklich alles, aber stört sich an nichts. Die Scheunen ragen einmal hoch bis zum Heuboden. Wo ein Boden ist, muss auch eine Erde sein. Man blättert zurück, es ist ein Dorf zum Schnäuzen. Ihr habt ja keine Ahnung. Der Boden ist gestampft von TÄNZERN oder einer Stampede aus der Pädiatrie. Die Erde kann man essen, aber schmecken tut sie nicht. Die Wespen haben einen Hinterleib, mit dem bauen sie das Nest. Nützliche Viecher, die auch mal stechen, im Herbst meucheln sie ihre Brut. Ich erzähle euch mal was aus der Geschichte der Wüsteneier. Ich, und der Amazonas kommt noch wie zufällig hinzu.

4

Das nächste Dorf, so was lese ich gleich gar nicht, so was fange ich gar nicht an. Weil es alles ist und fast alles. Was mir im Kopf brummt, wie DIE FLIEGE in Soupaults Schädel. Gestatten, mein Name ist Koks. Denn wo Erde ist, ist keine Luft. Und umgekehrt. Ich lasse jetzt mal etwas Blut in die Beine laufen. Ich gehe jetzt mal raus, und wenn ich zurück bin, möchte ich es fort.

5

Das nächste Dorf hatte ein Riese gegen Migräne geschluckt. Jetzt ging er über Felder, die Hose bis unter die Ohren gezogen. Die Spielzeugbauern kamen ihm wieder hoch, sie trugen dieselben Klamotten wie er. *Die Gelehrten also fanden / Dass ein Ries daraus bestanden / Dessen Höehe zehlte wohl / Sechzehn Werkschuh und vier Zohl.* Es war so ein Baumschweizer, nur zu haben für schweres Geld. OLLER, DOLLER, es nimmt zu der Kopfschmerz, er zieht Stirn aus der Stirn, caramba, Vallejo, schädliche Saat!

6

Das nächste Dorf, maulschriftlich. Sparsam wie geschluckte Kreide, Wespenhonig. Hannefatzke, dir obliegt jetzt die Verwaltung. Ich singe mir was. Lieder billiger als Regen. Ich lade alles ab in der Mitte des Dorfs auf der Plaza de Armas. Ich bin ein Selfie, wie Gott mich schuf. Ich bin ein Mantel im Schaufenster, ein Fischfilet in einem Iglu. Ischgl ist fern, die Pharma ist fern. Die Famen sind anderswo. Oder woanders? Wer spricht mit Gezeter vom roten Liban? Lexikon, die TOTN SPRACHN. Von sogenannten Toten, sparsam wie Sesam. Struppig wie die Geißlein in ihrem Fell. Wie der Schädel ihnen gebauen ist. Problematisch das. Die Schädelbauer haben Ausgang. Sie nehmen sich aus wie Faschisten, mit Tomaten gefüllt.

7

Das nächste Dorf, meine Frau schläft immer in den hellen Tag hinein. Sie füttert die Hunde mit Wienerle, damit sie nicht anschlagen. Der Mondheuler, der Neandertaler, tagsüber ein Schaf. Das Dorf erwacht in der Mitte mit einem großen Seufzer, meine Frau wohnt außerhalb. Bei ihr sind vielleicht die SYNAPSEN verdunkelt? Dass dicke Tapisserien ihr inneres Selbst verhängen? Meine Frau ist zwar eifersüchtig, aber nicht auf Franzosen. Ihr schmeicheln die Eingeborenen, indem sie recht früh Fenster und Türen aufreißen. Ist der Tag einmal im vollen Gang, kommt meine Frau als Katze herein. Die Milch der frommen Denkungsart findet sie in einer Schale. Komm, komm, Minettle. Da passt kein Spätzle mehr hinein. Manche Leute verjagen sie, aber wo wollen die denn wohnen? Dass ein Füchslein sich noch nicht gezeigt hat? Dass meine Frau sich schon wieder verdrückt?

8

Das nächste Dorf, ich muss es nicht schleppen, es ist ja schon da. Dafür bringe ich der Oma die Kohlen in den dritten Stock. Frau Langenhahn wünscht sich einen HIMMEL NUR FÜR HUNDE. Ihr Mann fährt Motorrad oder trägt einen grünen Hut. Muss man dafür nicht ein Jäger sein? Ich beichte das alles und trage die Kohlen. Sie wollen halt wissen, wie du denkst. Das Dorf liegt in der Vergangenheit, anschauen kann ich es nicht. Die Oma ist auch schon tot. Jetzt kacken die Hunde die Straßen voll. Jetzt winkt Frau Fehringer mit der goldenen Uhr. Jetzt hat der Cognac in der Flasche seinen Abgang im ersten Stock, so nennen wir hier das Parterre.

9

Das nächste Dorf, ich muss es nicht schleppen, es ist auswendig. Ich schreibe es schon mal so hin, in Erwartung der unauffindlichen Wesen. Die heutigen Leute sehen nichtmal ein, dass es dieses Dorf geben muss. Ausgenommen eine alte Blues-Sängerin, taub wie der STAUB IN DEN GASSEN, wenn er einmal nicht feuchte Erde ist. Eine Brückenexistenz also, Groß- stadtkind, das sich in unserem Dorf verirrte und nicht mehr raus- gefunden hat. Doris mit dem Käferhöschen. Haben wir nicht alle so einen Teil in uns, sollten wir uns nicht alle umbauen lassen in so ein Bühnen- und Brückengirl, vielleicht besser, solange es jung ist? Wenn wir erwachen ist es schon Nacht und wir strapazieren unseren Optimismus. Ich bin der Vater, der mit dir angeln geht, obwohl wir schon seit Jahren keinen Fisch gesehen haben. Wir essen Ohren mit Flachkrebsen mit Orangenschalenverschnitt. Während die Alte heute an einem Abend mehr redet, als sie in ihrem Leben gesungen hat.

10

Das nächste Dorf krümmt sich mit seinen Pappeln im Sturm oder ist es der Hausmeister, der die toten Blätter zusammenbläst? Es ist alles ein wenig zu schnell gedacht, das Dorf jedenfalls unter Dächern von Häusern, die man Jahr um Jahr aus der Welt herausgebohrt hatte. Du übertreibst. Es ist mein Dorf. Sag nicht sowas. Es ist dramatisch wie eine Drachme. Der Hausmeister war einst Drummer in einer Schülerband und mir tut langsam DIE HAND WEH. Wäre der Sturm schon vorbei, könnten wir jetzt nachhause. Das Dorf läge schön gerade an einem Bach. Die Bewohner könnten kichern, wie es ihre Art ist. Weiter unten mahlten die Mühlen wie meine Zähne knirschen des Nachts. Ich zähle die krummen Jahre an den Knöpfen meines Dufflecoats. Ich mache ein Gesicht wie Navid Kermani. Der Ernst ist vielfältig, der Quatsch ein Wunder. Nicht Brötchen, nicht Quark, Solidarität macht stark. Sag das mal einer Kaulquappe! Mit der Qualle ist es alle. Da war dann noch die blöde Tusse an der Kasse, ein ziviles Gebabbel zu viel.

11

Das nächste Dorf, wo der Engel geschont wird. Wo er sagt: Ich habe WEDER HERD NOCH SUPPE und wo man ihm nichts gibt. Um ihn zu schönen. Der schöne Engel isst nichts zu Mittag und am Abend liest er lieber in der Zeitung. Erst wenn es richtig brennt, kann das Dorf ihm helfen, dann ist es leider zu spät. Porphyrios, über den Vegetarismus, Agamben, die Beamten des Himmels ...

12

Das nächste Dorf im Buch des Lebens, einmal umblättern. Schüchtern und zaghaft lag es vor dir, du noch mit feuchtem Zeigefinger. Zahlen, die stillstehen, BUCH-STABEN aus den Wäldern gelockt, in die Wälder zurückgegangen, ihr wisst schon. Du ganz erstaunt, dass es keine Anstalten machte, fortzufliegen. Dörfer fliegen nicht? Und die aus Mücken? Die liegen auf der Strecke ein paar Seiten weiter. Unseres aber fährt des Nachts mit dem Aufzug in den Keller, wie jedes Auge beim Lesen eines Gedichts. Wie jedes Auge, sofern es in einem Kopf sitzt, in der sicheren Zone zwischen den Ohren. Deutlich. Besser. Hören. Nicht von ungefähr heißt das Dorf in einem anderen Idiom etwas wie »Ruhestein« und ist fleißig wie ein Thunfisch. An der Strecke

wird gebaut, Bagger fahren durch den Schlamm und säen Kies.
Leute mit einer Wirbelsäule wie ein Kran. Ihre Musik beim Zurück-
stoßen. Geht es hier nach Frauenzell? Jetzt wimmelt es auf allen
Baustellen vor neun-Uhr-Geläut.

3

Die frommen Dörfer

1

Das nächste Dorf, keine Leute auf der Straße. Nichtmal junge aus Zellstoff. Nichtmal Madame Welt, von ihr zu trinken. Keiner hängt hier IN DEN SEILEN. Kein Land, keine Kapitäne der Straße. Keine Goofy-Figuren. *Ikh hab zuvil an dir gezhogen.* In deinem Alter sind alle Töchter schön, Herr Hormiga. Bald wollte jedes Dorf so ein Yes-Mädchen und ein No-Mädchen haben.

2

Das nächste Dorf sträubt sich einmal nicht gegen den Fleiß der landschaftlichen Fahrzeuge, die hier durchbrettern, Lastwagen, schwerer als ne Boeing bei klarer Sicht. Es ist ein VERBOHRTER Weiler, schon vom Namen her eilig und kalt. Winterstetten ist noch das Wenigste, hier war das Eismeer nicht mehr als eine Pfütze der Reinlichkeit, bevor es für immer verschwand.

3

Das nächste Dorf, aus einer Drohne aufgenommen, ein Schmetterlingsflügel, aber wo ist der Zwilling? Einsam wie ein L, das sein Doppel sucht, friedlich und flach. Fett wie ein Industriegebiet aus der Bohemian Rhapsody. Wenn an einem Schaufenster steht: *Coffee to go*, möchte man ergänzen: *ergo sum!* Es gibt einen antiphilologischen Affekt unter Geisteswissenschaftlern, aber nicht in diesem Dorf. Man möchte überall ein X DRANHÄNGEN. Ich bin jetzt gelandet bei meiner Königin im Hof. Ich komme gleich rum. Alles frisch gestrichen mit der Farbe der Philosophie. Ich komme gleich durchs Fenster, du Schlange des Pythagoras.

4

Das nächste Dorf, erbaut aus Gedankenmüll, angespeist mit Milch aus Speichel. Schamottreste mit eingeschlossen, inclusive Graciàn. Wo in der Mauer noch Umrisse zu sehen sind, das waren Fenster und Türen, also muss es auch Gärten gegeben haben. Die Kirschenzeit endet mit dem Juniversum, jetzt ist erst ein zusammengeträumter April. Sowas kommt rasch auf die Beine und STRANDET dann in diesem Dorf, wo ein Fest auf dem Markt steht, wie bestellt und nicht abgeholt. Es ist halt ein bisschen *newe da Kapp* und weiß auch nicht zu feiern, wie die Schwaben des Nachbardorfs, die aber auch kein Karussell gleich neben der Kirche haben wollen.

5

Das nächste Dorf, wir wussten nicht, lädt es zum Bleiben ein oder zieht es womöglich selbst gleich weiter? Wie denkt dieses Dorf? Was würde es denken, wenn es ein Gedicht wäre? Oben auf dem Hügel stand der Galgen, strafend wie ein RAUBVOGEL, der einen Kranich in die Flucht schlägt. Aber wir sind ja hier unten, wir stellen uns all die Siedlungen als etwas Dankbares vor, als frohe Gärten, angefüllt mit Jägerholz. Der Garten weiß alles, aber nicht deutlich genug. Wir waren Binnenbeduinen, wir sagten unser Mo'allaqat. Lob des Reittiers, solange es schnell ist. *Dummel di, dummel di*, damnoclamantisches Vieh!

6

Das nächste Dorf, von Allgäu keine Rede, dafür immer von günstigem Mittag. Quatsch mit Soße, liebe Ulsch. Wir haben ja unsere Gedanken, um die VERGANGENHEIT AUF DISTANZ zu halten. Gehen, ging, gegangen. Und die Mauern? Gingen sie rechts oder linksrum? Gras wuchs bereits auf den Plätzen, die Straßen waren Schlaglöcher gewohnt. Nie machst du was zu Ende! Du kommst zu früh. Nach getaner Arbeit machte man noch sauber. Es war wie Beeren von den Zweigen rupfen. Das Gemüse lag einfach so auf den Feldern. Oben im Wald brüllte das Holz. Allgäu, ein andres Wort für Universum. Der Bach kann meinetwegen weiterfließen, ich kenne die Richtung im Schlaf. Es ist ja nicht alles Familie, es gibt ja auch das Land. Wir machen die Vorschläge – ihr habt sie anzunehmen, sagen der Brecht und der Becher.

7

Das nächste Dorf, die miesgelaunte Idee einer Siedlung, die man früher vielleicht für tugendhaft gehalten hätte. Ohne Zaunkönige, ohne Mistkratzer, aber mit einem Gehsteig ZUM NIEDERKNIEN. So haben die Bewohner ihr Dorf im Erdreich vergraben und nach oben mit Estrich versiegelt. Sie haben bayerische Mienen, aber erst nach dem dritten Schnaps. Teegehölz wurde aufgestellt und Matten aus Kamelhaar für die staubigen Schuhe einer Zeit, in der die Welt aus Wandern bestand. Nach dem Diluvium, als die Gletscher immer glatter wurden und zu tauen begannen. Klimastaub, da verlangt es einen nach Tapetenwechsel aus sprichwörtlichen Tagen, wie in einem Lied von Hilde Knef, als sie mitunter noch nackt war, heute ist sie tot.

8

Das nächste Dorf, die miesgelaunte Idee einer Siedlung. Sie wird euch gefallen, wenn ihr nasse Steine mögt, Moos auf den Dächern und in den Häusern eine brotlose Dunkelheit. Man trinkt AUS JOGHURTBECHERN, aber was? Mögt ihr Handwerker, die nicht kommen, Hausmeisterwinde, betrieben mit einem Vogelmotor? Dann seid ihr hier richtig. Die Leute essen nichts, die Lebensmittel sind eingeschweißt und verschlossen in den Schränken. Draußen steht man mit einem Gerät im Ohr, oder man klebt sich fest. Mögt ihr die Albträume zahnloser Seeleute, alte Männer, die aus gebrauchten Büchern lesen? Habt ihr den Zupfgeigenhansel auswendig gelernt? *Unser liebe Frauen vom kalten Bronnen?* Dann seid *ihr* hier gerechte Brocken *unter sich.* Dann sägt ihr das Fachwerk in die rechte Länge. Dann schreibt ihr zuallererst Erbsen auf den Einkaufszettel und zerknüllt ihn dann.

9

Das nächste Dorf, nicht schlechter
als die schlesischen. Macht nichts, wenn die Pickelhaube mal schläft.
Egal, es stört sich niemand daran. Ist der Mann mal wach, hat der
Regen keine Chance, auch nicht der Schnee. Die HÜHNER hier sind
folgsamer als in Jena, groß und klug wie Hunde. Im Unterschied
zu diesen suchen sie sich ihr Futter selber, das Picken und Kratzen
kommt ganz aus ihnen. Der Weiler hingegen ist selbst immer schläfrig und matt, wie ein Postbote, der in zu vielen Haushalten vorbei-
geschaut hat. Nicht ganz ein Paradies aus Eden, aber es gibt noch
eine Unschuld unter roten Dächern und auch die Machtverhältnisse
liegen in einem Schönheitsschlaf. Es ist nicht besser als Arabien,
ebenso schlicht wie Schweden, kratzig wie mein Monrovia.

10

Das nächste Dorf, hier sagt man:
schon ein Hund! Die Felder verbellt und verbissen, eine kalte Landschaft, nicht nur am Bach, sondern auch in den Wohnungen. Vom
Spritzenhaus soll mal hier nicht die Rede sein. UNFERTIGE WESEN,
die vor den Menschen die Erde bewohnten – hier hätte es ihnen
gefallen. Die Eingeborenen ziellos, wie an der Stelle, wo man nicht
mehr in den Schlaf findet, wenn man so zusammenliegt. Pardon,
ich bin manchmal zerstreut wie Asche und habe mich schon seit
langem nicht mehr rasiert. Beim Umhergehen habe ich immer ein
Zuckerle in der Tasche und einen Knochen in der Hand. Das Dorf
am Eintritt in die Nacht: arschgrau. Zwischen ihm und Wolf. Wo
der Fuchs sagt: schon schon. Und der Hase ebenfalls nur nickt.

11

Das nächste Dorf, ein Nichts aus
einem Platz mit Brunnengras, umstanden von Campingbussen, die
ihm das Wasser wegtranken. Es gab keinen Dorfkrug, es gab keinen
Bürgermeister, aber ein FEGEFEUER gab es auch nicht. All das so

kurz wie das Leben Jesu im Koran. In Wahrheit gab es jeden Tag ein paar Momente, in denen die Dörfler das Obst von der Kehrschaufel aßen. Ich schreibe das rasch hier hin, bevor ich es anderswo vergessen habe. Kairos steht Pate, Astel und Genazino. Trink nicht so viel Milch, das ist Schleim. Es gab auch ein Zollamt, dunkle Höhle aus gebackenem Stein. Industrieminuten. Welcome to hell, Mister Dante – ist der jetzt tot oder steht meine Uhr?

12

Das nächste Dorf, kurz gab es mal Sonne, dann kam alles aus dem Iglu gerannt. Die Philosophie, ein dünner Alkohol der Sprache, fuhr sofort in die Köpfe. In der gleißenden Helligkeit griff man sich einen Fisch und aß ihn, als wäre er nur noch aus Schnee. Erik schnitt immer den Kautabak. Der Fuchs entfaltet den Igel, indem er auf ihn pisst wie andere auf eine Stierhaut. Steht das so im PHYSIOLOGUS? Dann ist es doch nicht nur das Geistige, das zählt? Aber die Hyänen doppeln sich, zwei ergeben einen Foucault. Wir waren starr vor Kälte, wir waren satt. Wir hatten Sodbrennen im Kopf. Unsere Namen waren Legion. Mitunter, wenn wir beim Frühstück saßen, kam nicht immer die Polizei vorbei.

4

Die einladenden Dörfer

1

Das nächste Dorf, ich höre schon wie es in meinem Innern tönt und macht. Wascht euch die Hände, rasch, bevor ihr hier herumstrolcht. Ich bin erst zehn Minuten da und schon haben wir Streit. Meine Gedanken müssen ins Freie, sie sind schneller als meine Hand, die gleich hier ausrutscht. Schneller als der Kuli vom Winzerverein. Das Fenster schmerzt in meiner Brust. Mein Kopf steckt in den Wolken, das Dorf erwartet Regen. Dann WASCH MIR DIE PFALZ! Dann sauf ab mit der Titanic bei der Titanen Untergang. Man sollte denken, dass die Leute mit den Namen etwas vorsichtiger sind. Wenn die so weitermachen, wird noch die Sonne entgleisen, dann aber haben wir endlich einen Astra aus Oppeln statt dem Phaeton von VW!

2

Das nächste Dorf, ein jeder schaut es sich an, man möchte auch nicht für undankbar gehalten werden. Man möchte gelten. Wir sitzen in einem REISEBUS und schon geht es weiter. Wir lachen, wir lassen das Dorf zurück und fahren in Richtung Westwest. Das Gäu. Hier wohnen die Löwen. Dort wird es auch in der Kirche nicht still. Man hört so nichtmal eine Stecknadel fallen oder eine Maus knistern wie Insekten in einem Unterholz. Draußen ein alter Turm, an dem sich die Ellen in die Länge ziehen und daneben ein Klafter, dreidimensional wie kaum etwas in diesen Kulissen aus gekautem Papier.

3

Das nächste Dorf, ein jeder schaut es sich an. Als wäre hier der FLINT IM FELS. Als stünde Colette mit ihrem Perlenfuzzi auf dem Empire State. Als gäbe es nur dieses Als-ob. Du kannst es nicht umkehren wie einen Teppich oder ausstechen wie eine Grasnarbe. Letztere hinterlässt eine Lücke im Feld, die man mit einem Teppich zudecken könnte wie ein Krötenloch. Dabei ist es nicht wichtig, ob der Teppich links- oder rechtsrum zum Liegen kommt. Da die Erde eine Scheibe ist, gleicht unser Dorf ihr nicht im Geringsten. Wir singen auch nicht *flat earth*, obwohl das Dorf andererseits auch nicht dick wie eine Kugel ist oder schwer wie ein Planet. Es hat ein mittleres Doppelgewicht und außerhalb geraten die Kartoffeln vielleicht etwas größer, es sei denn, sie wüchsen im Moor, wo sie ja kaum zu finden sind.

4

Das nächste Dorf: nervöse Leute! Darüber ein Turmfalke. Stößt herab! riefen wir. Es gab also keine Haken mehr im Dorf, keine Spur von Frettchen, die Pfadfinder hatten sie vertrieben, mit ihren Knoten aus LEDERGEFLECHT. Es gab nicht einmal mehr Lämmer, aber die Leute am Gestikulieren, Kakerlaken, chinesische Katzen, winkendes Personal. Bibelstechen. Wir waren noch nicht in die Autos gestiegen, mauerten mit Einkäufen unseren Kofferraum zu. Dem Bauern fiel der Honig aus der Hand aufs Pflaster vor der Kirche. Vermutlich war ein Gas in der Luft, stärker als der Surrealismus. Wir erzählen das jetzt so ruhig, aber wir mussten da durch. Hat man Töne? Vom nervösen-Dorf-Modus zu ist-das-ein-Quatsch-in-Amerika? Mehr Feierlichkeit gelingt, wenn man was singt. Man gelangt in ein Dorf der Messweine und Hosenträger, der gespritzten Franken, der Kausalratten hinter einem wilderen Stück Blech.

5

Das nächste Dorf. Siehst du es nicht? Du musst scrollen, klicken, dann weißt du schon. Es ist tatsächlich winzig und du musst es erwischen. Es liegt AN EINER STRECKE, wo sich kaum einer sehen lässt. Wie es hieß, weiß ich nicht. Oder heißt es vielleicht Sinsheim? Kappel an der Rhön? An der Essenz? Nein, die Strecke hat einen anderen Namen, rechts und links gibt es keine Bäche und keine Steinbrüche. *Cadutta sassi* ist anderswo. Jetzt schau mal, da liegt es doch, und, ja klar, jetzt hüllt es sich in Rauch. Die Leute hängen ihren Fang über den Wacholder, sind es die Fische, die zappeln, sind es die Leute? Siehst du nicht die blonden Härchen an den Armen der Köhlerinnen? Ihre Pulveraugen, wie *Alexandri magni schweiß nach Bisam roch* (Fischart).

6

Das nächste Dorf verstummt, nachdem es verlassen wurde, allerdings nur von einer Person. Die anderen sind geblieben, sie leben dahin an der Mündung eines Flusses. Sie suchen flüchtiges Leben im Wald. Sie flüstern von der Person, die ihren Hut vom Nagel nahm, worauf das Dorf verstummte. Kein Laut, der jetzt aus den Blättern seiner Bäume kommt, kein Esel, der schreit, obwohl er hungrig ist. Die Person: Fernando höchstselbst. Der Hut: mal wieder meines Bruders. Aber wem gehört der Nagel? Solche Sprüche waren nicht immer von Rückert oder aus Leder. Der nächste, der kommt, wird jetzt schon VERLACHT.

7

Das nächste Dorf hat die Ruhe weg. Es gibt keine Partys und keinen Sex bei offenem Fenster. Wer schaut hinaus? Den Neugierigen wird hier nichts geboten, die Hungrigen finden immer einen BRÖSEL UNTER EINEM TISCH. Prosa, das Dorf holt sich die Sätze herbei, die es beschreiben. Es heißt jedes Wort willkommen, als wärs eine Apposition. Es grüßt auch die Schrift. Ameisenscheiße, Augenpulver, russische Boulette. Lebendige Rede, totes Bild.

8

Das nächste Dorf. Stand nicht groß in die reine Luft oder über wohleingerichteten Eichen der Slogan geschrieben: *Kelim your space?* Leute, ich jage meine Herde über eure Teppiche, mein KOPFKAPITAL aus Schafen und geschorenen Wollmäusen, meine Wolfsspeise, mein Labskaus, mein Sleipnir usw. Mit meinen Kopfquartieren bin ich schon lange im Exil. Das Dorf wusste nicht so recht mit *dene Schprisch*, es war bewohnt von Wurzelfranken, die nie wissen, wie ihnen geschieht, aber *dischbediere*. Es ist ein Schleuderslogan, der Teppich ein Paradies, und die Luft darüber, wem gehört die denn heute: etwa dem Hölderlin? Dann hat sie jetzt der Zimmer für sich und in TÜ wird der Neckar immer enger, als müsste er durch eine Nudel oder ein Nadelöhr.

9

      Das nächste Dorf, wo man mit der Rechten schrieb und mit der Linken arbeitete. Die Glocken verließen nach dem Mittagsläuten den Ort. Die Jungfrau Maria ging ihnen voraus, die Magdalena hinterher, ein Schiffchen neckisch ins geschüttelte Haar gesteckt. Ist das jetzt Kindheit oder früher KALENDER? Ist bereits Epinal? Zehn Hunde wollten lesen lernen, bellen konnten sie schon. Das Dorf ist keine Lektüre zur linken Hand. Es ist überhaupt keine Lektüre. Es ist auch keine Schrift, kapier das doch endlich. Das Dorf ist ein Dorf und wird täglich von einem Vogel besucht. Der hält sich nicht lange auf, er pickt ein bisschen und wetzt sich dann etwas länger, damit sich eine Ewigkeit ergibt.

10

      Das nächste Dorf, morgens ein Märchen im Schnee und um zwölf kam der Tau schon aus der Dämmerung. Den steckte man in die Suppe und ließ ihn arbeiten. Du erwachst, bist die Strecke gelaufen, dem Geld entgegen. Aus dem ABSTRAKTEN SCHLAF trittst du heraus, du lebst noch, aber so ungefähr. Erwachsene erwachen später. Gib den Leuten mal was mit dem Schöpfer, wenns geht. Und gib noch was ins Gläschen, geize nicht, sie haben nur ein paar Blasen darin. Die Jungen wissen noch nicht, wie man friert. So sind wir hier, uns hat der Speck aus der Dunkelheit gezogen. Wir sind kalt und zimperlich. Wirf uns einen Stein in den Garten, wenn es mal schneit. Und wenn die Pfützen wieder flüssig sind, geht es ins Stroh.

11

Das nächste Dorf, Symbiose aus Tiefgarage und »Zum Storchen«, alle anderen Vögel waren bereits verscheucht. An der Stelle gefällter Wälder steht jetzt das Haus »Zum grünen Baum«, »Zum Wilden Mann« und »Ouol Ouicht«, eine Reliquie der Verholzung wie die Kohle von Gatzweiler und der Stahl der Herren Thyssen und Schähl. Die Welt denen, die IN BÄUMEN WOHNEN! Nur die Europabrücke hat mehr Leben gekostet als dieses Dorf Einwohner hat. Es zählt hier alles doppelt, weil ein Pronomen dabeisteht und der Aberglauben herrscht. Am Freitag werde ich fortgebracht, man wird mir die Zähne richten, damit ich einem Räuber ähnlich werde. Oder ich spiele wie Hendrix alles hinterm Rücken und lache den Schönen im Publikum zu. Sie wurden von ihren Müttern in Teppiche gehüllt. Wir sind doch keine Pflanzen, nur weil wir uns manchmal an die Garderobe lehnen. Sehr guter Wein wäre jetzt zu anstrengend für mich. Das Leben ist aber zu kurz, um den Mopser zu trinken. Im »Haus zum Löwen« springe ich über die Tische und Bänke wie ein Reh, das jetzt alter weißer Hirze heißt, weil es dazu geworden ist.

12

Das nächste Dorf, ein Vergnügungsweiler an einer Kraftstraße gelegen. Hier wurden »interessante Männer« hereingestrudelt, gebückt wie Straßenlaternen stiegen sie aus und waren ausgestattet mit Liebesfalten da und dort. Mach mal einen DIENER! Die Frauen am Stullen schmieren nach einer Liebesnacht. Noch hat der Olymp seine Finger im Spiel und die Herkulesse wittern den Mist. *Quod licet bovi.* Ich möchte endlich mal sechzig Kilo plus. Ich esse, ich esse, man zieht es mir gleich wieder ab. Sie schmieren im Stehen, ein mythologischer Flecken, umständlich wie eine Harfe, besessen wie ein Kyklop. Manche Tiere haben Flügel, manche befragen die Götter mit Feuer und Rauch, bevor sie sich zu Wesen paaren.

5

Die gestatteten Dörfer

1

Das nächste Dorf beginnt in deinem Hirn und endet in deinem Darm. Es ist ein Schwartendorf und ein Presskopfdorf, ein Sülzengestänge von Lützelstein. Dazwischen schwänzelt es sich so durch die Weltgeschichte wie ein Kübelwagen. Mein Sohn soll Wolfgang heißen und uns immer MITTWOCHS besuchen. Wir meiden dann jeden Streit, sind auch für diese Zeit keine Bratenröcke, die sich die Scheiße aus dem Leib prügeln. Mein Sohn soll Wolfgang heißen und dann Klavier spielen, dafür soll überall Platz gewesen sein, nur nicht in diesem Gehöft.

2

Das nächste Dorf beginnt in deinem Hirn und endet auch da. Es besteht ganz aus mythischem Einerlei mit tüchtig Kartoffelbrei, Pferderettich. Hier wohnen die Frauen, die du umarmt hast, in Reihenhäusern mit Blick auf die MOORIGE ACKERERDE und, wenns hochkommt, einer Bahnlinie. In der schwarzen Zeit nahen die Hasen und die Vögel staksen auf den Dächern umher. Bei schönem Wetter gehen die Leute nicht zur Wahl. Den meisten hier fällt die Umhalsung nicht schwer. Sie sind Tiere, aber mit Händen zum Streicheln. Andere Dörfer zählen ihre Bewohnerinnen an den Fingern ab. Hier sind sie theoretisch wild, daher der Name Aurora. Sie gehen auf und unter wie das Du, das mal ein Sie war.

3

Das nächste Dorf hättest du nicht gesehen, wenn du nicht den Weg über Xanten genommen hättest. Du wolltest eigentlich nach Longyearbyen. Aber da du in Vlotho deine Börse vergessen hattest und es außerdem regnete, weshalb du in Vechta noch die Tonnen reinholen musstest, und du der Claudia versprochen hattest, Pfirsiche mitzubringen ... Welcher Claudia? Pfirsiche hätte es auch in Wiesbaden gegeben. Allerdings. Aber du warst ja schon auf dem Weg nach Küsnacht, da konntest du auch gut ÜBER DEN GROSSEN ONKEL fahren, wo es dann aber ausgerechnet keine Pfirsiche mehr gab. Also Pfirsiche schon, aber keine, die man jemandem mitbringen konnte oder wollte. Sie waren innen schon ganz pampig und hatten praktisch keinen Kern. Richtige Zwiebeln gab es auch nicht, geschweige Gemüse, das der Rede wert gewesen wäre. Für eine weißfleischige Frau wie Claudia! Die Brüder Issas aber hießen: Hussa, Ulf und Harrison Ford. Die Schwestern hörten auf Namen wie Elke oder Janis, die schreckliche. Elke, die vor lauter Bier beinahe welkte. Janis, die einen mit der Whiskyflasche schlug, wenn auch kein Korken drauf war.

4

Das nächste Dorf auf halber Augenhöhe des Pontus. Die Bewohner abgezählte Daktylen, in bunten Hemden aufgestellt zum Appell. Manche tragen Tropenhelme, andere so weiße Hüte für ein Cabrio. Sie sind alt und fahren doch noch durch die Gassen, die für sie eng sind wie ein Kanal. Irgendwo steht ein Klavier, irgendwo, aber das ist eine Frage der Topographie. Das Dorf ist hügelig und gewürfelt. Wir sind fleißige Fabrikanten und unsere Zechen verzehren Kraftwerke. Wir schlafen nicht immer unter Brücken, aber wir decken uns mit LESESTOFF zu und hatten noch nicht mal das Rad zu erfinden. Kein Grund, uns deshalb an den Felsen zu fesseln, wir können auch nicht klettern. Manchmal hangeln wir uns durch, dann kommen die Cabriomänner und schimpfen uns aus. Die Frauen haben schon lange das Dorf verlassen, sie sind auf dem Weg nach Troja, der Hühnchen wegen, die dort paradieren, innen sind sie hohl wie *Schokladhasen* aus dem Montaphon. Das ist nicht Familie, Herr Freud, das ist schon lange, lange Welt!

5

Das nächste Dorf, Atlantika, wo der Regen spricht die Sprache des Schnees. Wo die Rinder an den Gräsern ziehen. Die Ruderer legen sich in die Riemen, um den Fluss etwas vorwärts zu bringen. Du stehst am Ufer unter der KAPUZE. Du sprichst mit dem Kind in deiner Brust. Bei jedem Wetter fließen, Herr Fluss, aber stürzen bei Schnee. Und nenn dich Spree, nenn dich nicht Barentssee.

6

Das nächste Dorf am See, am See, mach das Licht aus, hier wohnt jetzt mal Godard. Uns wird ganz flimmrig, auch vor Augen. GODARDS ARM, ein verlängerter Gedanke, ganz wie bei den Anglern unserer Siedlung. Mit ihnen starren wir auf die glatte Fläche. Die Leute glotzen auf den Kientopp und essen dabei ihr Hasenbrot. Copy and paste. Coffee and pastry. Patria o muerte. Ich habe mich bereiterklärt. Ich habe mich breitschlagen lassen. Der Godard *hots schleefe losse*. Bring das mal auf eine Leinwand. Wenn der Mao ein Gendersternchen hätte. Godard raucht ein Zarillo oder er lispelt ein bisschen. Ich möchte so durch die Bodendörfer schlendern wie er. *Risus abundat in ore stultorum*. Musik fetzt durch die Gassen, ich möchte, ich möchte, *selon le vent*, ich bin ein Kind, das schreit. Der Heiland kommt mit der Leinwand und deckt damit die Bilder zu.

7

Das nächste Dorf, Kirschenzeit. Singen sie so ihre Revolution? Siebzig-einundsiebzig, die Zahlen haben wenig Masse, aber Bedeutung genug. Da stehen Bänke UNTER PLATANEN. Die Armen bleiben arm, den Speck kriegen die niedlichen Vierbeiner. Hör mal bitte auf mit dem Kaugeräusch. Ich sah Achternbusch im Schneider sitzen, die Augen rot wie Schattenmorellen. Noch roter die Ohren damals, die Titten der Zenzl irgendwo, die der Aphrodite. Das Dorf ist jetzt ab durch die Deko. In Schwabing schwächelte die Revolution so vor sich hin, es war Mühsamzeit, Drangsalzeit, auf dieses Zwetschenjahr kommen wir zurück, auf dieses Jahrzehnt oder *saeculum* am Arsch der Geschichte.

8

Das nächste Dorf, die Leute geben die Hoffnung nicht auf. Sie kaufen sich Kirschen bei Lidl und hängen sie an den Baum in Ortsmitte. Die Delegierten tragen eine rote Schärpe. Wäre ich dabeigewesen, hätte ich die Geiseln nicht erschossen. Wäre ich dabeigewesen, das Proletariat hätte seinen Lumpentraum durchs Werktor verlassen. Es stellt DIE STÜHLE, bevor es sie zertrümmert bei den Stones. Da ist ein Konzert im Städtle, und der Thomas ist noch nicht auf Betriebstemperatur. Ich verschwinde jetzt aus diesem Dorf, da drüben gehen schon die Fenster auf.

9

Das nächste Dorf, die Dächer gedeckt mit Knäcke, Nutellafarben überall, denn der örtliche Stein wird nicht gebrochen, sondern geschmiert. Hier habe ich meine Verzweiflung entdeckt, ein Konzept toter Sprachen, erfunden von WASCHFRAUEN AM BACH. Hier habe ich Molche dressiert und den Weibern gezeigt und fand zwischen den Kaulquappen im Tümpel mein Geld. Ich wanderte, wanderte, aber kam nie nach Spa.

10

Das nächste Dorf, ein kleines Wien, also besenrein und gleichsam poliert. Unter einer Wachsschicht die Straßen, je nach Bezirk ragen sie ein paar Millimeter hinaus. Es ist Zwetschgenfest, es ist Treppenhaus, es ist der dunkle Flur der Geschichte. Hier hat Circe ihre Herde gehütet, hier gingen die Männer NIEMALS OHNE MÜTZE hinaus. Ich habe eine Logik, aber ich sage sie euch nicht. Homers kleiner Bruder hat mich im Körbchen gezeugt und dann auf die Dächer geschaut, als ob nichts wäre. Ich bin geschwommen, der Fluss ist klargekommen. Trink einen Schluck, Fluss, so redet die kleine Schwester meines Humors. Gott hat nichtmal ein Auto? Er muss sich von Priestern fahren lassen, aber früher schleppte ihn Christo Botev durch eine Furt.

11

Das nächste Dorf, man denkt, man hat es gut gemacht. Nur ein paar Häuser, aber die doch fest gebaut! Und sauber ist es in den Gassen, du kannst vom Bürgersteig HERING ESSEN. Ein Schweigen herrscht hier nicht, es ist im Gegenteil eine sich ausbreitende Rede der Rechtfertigung, von Mund zu Mund getragen, ansteckende Demut, träfe sie hier nur auf ein gnädiges Ohr. In einem kühlen Grunde, die Kaiserin zu Fuß. Ich bin so voll von diesem Dorf, obwohl es nur ein paar Häuser sind. Ich bin so voll von mir, obdachlos wie alle guten Leute. Obacht, Leute, hier kommt das gut gemeinte Dorf. Es ist kein Gegenteil, aber schon lange da. Wie Aprikosenbäume steht es in der Reihe, Ziermandeln, gepflanzt vom Sohn des Gutmütigen, der die Zahlen kennt wie kein zweiter, von Riese mal abgesehen.

12

Das nächste Dorf, hast du es hinter dir, bist du es los. Hoffentlich kommt es nicht wieder. Hoffentlich bleibt es, wo es ist. Ich bin ein wahres Rabenaas. Das Dorf möchte ich nicht von hinten sehen. Es einfach vergessen mit seinen Gassen und dem DÜRFTIGEN VERKEHR. Wäre der Sinclair vorbeigekommen, hätte er es Mutter genannt. So heißt es noch nichtmal Schifferstadt. Bloß nicht dieses Dorf, bitte nicht, es ist schlechtes Zeug! Als wäre es aus Farbstoff, hergestellt in Leimen bei Wissen im Wald. Eternit, Boris, egal. Wenn wir uns nur nicht mehr befassen müssen. Berührung? Eine Randerscheinung. Mikado?

6

Die störrischen Dörfer

1

Das nächste Dorf, Mainz wie es singt, Schlagerernte '64, Ernst Neger auf Dächern. Ach, gell, hier zeigt sich höchstens einmal am Tag der Stephansdom. Als wäre er ein Vogel, der seinen Schnabel wetzt. Wie die Ärmelknöpfe gerade über die Schreibtischplatte knirschen. Der Martinsdom steht fest daneben, wuchtig, aus moldauer Treibsteinen erbaut. Ich habe keine Ahnung, ob du nicht deins und meins verwechselst. Die Stadt steht daneben in ihrem schwachen Fleisch, ein OBERDORF, zusammengeklebt aus vielen Teilen. Heute ist Zuckerfest, morgen Fastenbrechen, übermorgen kleine Entnüchterung. Wir trinken Milch, O-Saft, wir sind Herbstfranzosen, denen nie etwas gelingt. Eine Mützenrepublik mit Mäusen. Ein Schunkelfeld, das sein meistes Leben unter Bänken verliegt.

2

Das nächste Dorf, nur zwei Pünktchen auf einer Tastatur. Es war ein Abstand zwischen den Buchstaben, man sah hinüber, die Nachbarn berührten sich nicht. Am Rhein sagt man sich guten Tag, am Neckar läuft man stumm aneinander vorbei, an der Mosel duckt man sich, wenn mal ein Schiff kommt. Neckar, schwarz nur in unserer Vermutung. Das KOPFÜBER eines Flusses, zwischen Bergen gelegen, die nichtmal Hügel sind. Die Energie des Stroms kommt vom Fleiß der Leute, ihre Schultern breit wie das Opium ihrer Herzen. Man hört nicht sein eigenes Wort. Wenn der Neckar rauscht, rauscht das Dorf. Wenn der Neckar tanzt, tanzt das Dorf. Wenn der Neckar schloft, schlofen auch all die *Leit* aus Gauangelloch.

3

Das nächste Dorf, nur zwei Pünktchen auf einer Tastatur. Es ahmt im Wesentlichen das vorherige nach. STIRNER wäre nicht zufrieden gewesen. Odin wäre nicht zufrieden gewesen. Proudhon nicht und auch nicht Landauer, der ein Dorf in seinem Namen trägt. Es saß auf einer Hügelspitze und die Leute schauten auf die Tiefländer. Es gab *boot-cut* und *doggybag*. Die Sprache war ein repetitives Gardinenbritisch, durchmischt von Marianne Koch und umgerührt von Anne Weber. Wurden im Nachbardorf die Fahnen hochgezogen, beeilte man sich hier mit Blasmusik, Autoscooter, Hörakustik. Die Dorfkinder, kräftig und laut, immer in Gefahr der Abkürzung, es gab auch keine langen Straßen, sondern immer nur abschüssige Gässchen, Stege, Geschlechtertürme. Ganz wie das vorherige, nur einen Tick teurer und besser vernutet. Besser genoppt. Besser getolchockt.

4

Das nächste Dorf mit Affen, die auf den Bäumen wuchsen. Zur Arbeit kamen sie herab, nachts, um von den Leuten nicht gesehen zu werden. Man hatte Zitronen in den Genen oder Zwiebeln. Das Gelächter kam uns auf der Straße entgegen, ein bitterer Geruch aus den Unterführungen, wo sich die BIKER an ihren Tanks wärmten. Statt im Regen über den Makadam zu schlittern, hätten sie lieber dem Dorf eine Kühlung zugewedelt. Die Affen hielten sich an ihren Schwänzen fest. Es war heiß, heiß, aber in Worms würde es noch heißer werden. Die Dörfer rückten zusammen, um das Klima zu besiegen. Zu spät für die Nibelungen, ein bisschen früh für den Wedel am Ende vom Hund.

5

Das nächste Dorf, nächtelang und dann im Morgenlicht eines Radioweckers, wir hören den ENGEL DER SCHRIFT, wie er mit der Feder über unsere Rücken kratzt. Trümmer sind das, aber keine Träume. Es steht wie Blutdruck in den Gesichtern, pünktlich, in ständiger Wiederholung kommt der Tod und hört Oldies. Er kommt mit Hölzchen, Stöckchen, Dirigentenstab. Anderswo soll es Glücksautomaten geben, hier treibt man es bestenfalls

auf dem Teppich, wenn nicht sogar ins Taschentuch hinein. Halts
Maul Kassandra, dies hier ist kein Pornodorf, keine Amina mit Flöte.
Wir sagen ja zum Licht der Frühe, ist erstmal der Wecker verstummt
und das Radio geeicht wie einst Günter, das Katzenauge.

6

     Das nächste Dorf, wo das Sterben
unmöglich war. Übers Land kommt ein Guss Pflanzen. In Freuden-
stadt wächst es ordentlich in die Höhe, man kann es TANNEN
NENNEN. Schon seit Zeiten ist der Schwarzwald wild wie ein Kuckuck.
Sein Rücken beugt sich über Flüsse, die meist ausgetrunken sind,
bevor sie in die Breite gehen können. Heiß kommen sie aus dem
Stein, als wäre hier Ägypten, wo die Bücher ganz aus Bäumen
gemacht sind. *God angry,* ist das Büchel eingeschlagen in eine
Sohle oder wie ein Butterbrot.

7

     Das nächste Dorf, wacklig im Flim-
mern der Hitze, wimpernlos wie ein Gedicht. Wenn die Straßen
sich im Unendlichen kreuzen. Wenn man für einen KURZEN
MOMENT vergisst, wie schwer der Koffer ist, den man trägt. Wenn
man schon viele Graupen gebraten hat, allein zweimal für Allen
Ginsberg. Wo das Können ein Fremdwort ist und die Milchkannen
mal wieder am Wegrand stehen. Wo die höchste Erhebung gerade
an eine Pelzmütze heranreicht. Andere schreiben sich eher als
simple Trommler in die Geschichte, wenn die Seidenfahnen wehn.
Oder den Leuten hats mal geschmeckt.

8

     Das nächste Dorf, hier wurschtelt
man so rum. *Hastma Stullen jeschmiert.* Tucho, ist er ein Dichter
ohne Kamel? Natürlich trägt man das Dorf überall mit sich herum

wie eine Powerbank. Wird man es nicht los? Kann man es einfach nicht ablegen? Ist man alt geworden? *Justav, Justav ärjere dich nich. Wenn in Balin mal watt passiert.* So ein Dorf ist das, ein Dettedorf. Die Welt, eine Einheit, logisch wie eine LANGE LISTE, arm aber oho. Aufzählung der Dörfer in dürftiger Zeit. Wirklichkeit der Schuhsohlen. Kammerpop. Katzenpopo, *nimms nich so jenau, ick bin ja deine Frau.* Du kannst es nicht mehr hören, aber es bleibt doch ein Dorf, wie es sein muss und ist.

9

Das nächste Dorf, an einem Vormittag auf ein Garagentor gemalt, dort hielt es sich fest, obwohl die Stunden wie Wasser aus dem Auspuff rieselten. Ein störrisches Dorf ist nicht gerade eine Inspiration, nicht mal als NEUER PINSEL für Gerhard Richter. Am späten Nachmittag erschlaffte es dann, löste sich zuerst aus den tiefen Falten des Wellblechs, stand für ein paar Minuten in der Einfahrt herum wie ein Tier, bis dann der Vater kam, Arno Frank in seinem Opel Omikron, und es durch Hupen verjagte. Weggehupt floh das Dorf in die Nacht, aber bei Morgengrauen machte es sich wieder am Garagentor breit, idyllisch, mehr ein Flecken als ein Dorf, aber lange kein Reh, wie am Häusle gegenüber eines auf der Fassade steht.

10

Das nächste Dorf, Auge, Ohr, es war einmal eine Monika, ihr Mund. Die hat den Western gesehen, Leute, die Tropfwasser von der Krempe trinken, Fliegen fangen mit dem Revolver. In unserem Kopf dreht sich der Film wie eine TROMMEL-REVOLUTION, ein russisches Teil, gegen Ende sollte man tot sein, bevor die Eisenbahn eintrifft. *Isch no koiner gsond gstorbe.* Unser Dorf ist den Wettlauf nicht gewohnt, es liegt wohnlich zwischen Hügeln aus Lehm, die werden bald Halden sein. Der Wind bläst uns ins Ohr. Könnte alles Laub so sauber sein wie dieses Dorf! Es ist aber auch eine schrille Melodie. Für einen Western ist es außerdem fast ohne Indianer, also Kühe sind auch nicht da. Das Vieh ersetzt man durch Schienen, zuvor wurde das Gras mitsamt Insekten in die Erde getrampelt und gestampft.

11

Das nächste Dorf, verhindert oder ermöglicht, das werden wir noch sehen. Vermutlich wird es so langweilig wie die Wirklichkeit, solange es Leute gibt, die einfach so herumstehen und den lieben Gott einen guten Mann sein lassen. Wir sollten es trotzdem AUS DER NAHEN ZUKUNFT in unsere Gegend holen und womöglich mit etwas Leben ausstatten. Rüben werden knapp dieses Jahr, vielleicht finden wir noch ein paar Kerle, die es in den Boden säen. Das ginge von heute auf morgen, vorausgesetzt er ist nicht zu schmutzig und wir können uns noch einer Möglichkeitsform bedienen. Das Dorf soll auch einen Barkas haben und schöne Augen die Dorfjugend. Es muss einen runden Platz geben zum Tanzen und Dreschen. Dresden wäre kein Vorbild, statt der Frauenkirche hätten wir gerne Männerkapellen mit Glocken aus Mänteln. Das Dorf dümpelt jetzt wieder im Ungewissen, alles, was Tatsache wäre, ist ihm fremd. Kaum hat man es erzählt, ist es an die Oder verlegt.

12

Das nächste Dorf, verhindert oder ermöglicht, ich möchte es gar nicht fertigstellen, aber mein Herz pocht wie ein Fisch in einem Eimer Kaffee. Lange war es nicht zu sehen, jetzt dehnt es sich, Strecke über Strecke, wo früher Wälder waren, wächst heute der Chardonnay. Ich möchte es nicht besenrein und übrigens steckt noch der Schlüssel. Ich möchte keinen Garten mit Zwiebelgeruch. Aus Häusern kommt man mir entgegen, BEKANNTE GESICHTER, die mich umarmen wollen. Kehrt um, ihr Mienen, schaut in die Zeit zurück! Ich muss hier noch machen, machen, solange der Schnee alles verhindert oder ermöglicht mit seinen Nieselfüßen.

7

Die zerstreuten Dörfer

1

Das nächste Dorf, was wollte ich
jetzt? Draußen warten die Nachbardörfer und ich gehe durch die
Zimmer mit Socken in der Hand. Wollte, wollte. Geben, hören,
sagen. In dieser Wohnung muss ich mich seit Jahrzehnten zu-
rechtfinden wie in einem schwarzen Wald. Unter einem roten
Dach. Die Zimmer aus Holz, Möbel aus Pappe und Moos. Draußen
Klopfen, Bellen, Kröten fressen dem Nachbarn das Katzenfutter
weg. ICH SCHUSSEL stehe hier noch immer mit dem Knäuel in
der Hand. Mein Sohn ist gestorben? War er gesund? Ich weiß
nicht recht, es geht mir wie dem Misik, der sich immer nur Fragen
stellt.

2

Das nächste Dorf, genau auf dieser
Grenze: Dambach – Hundspach. Das liegt mir auf der Zunge – das
habe ich nicht übers Herz gebracht. Herz oder Lunge von einem
erlegten Wild. Im Elsass ein Wald, der die Deserteure in Erdlöcher
wies und den Verborgenen zu essen gab. Manches Dorf heißt nach
den schwarzen Wassern eines nahegelegenen Bergsees. Im Liegen
kann ich nicht lesen, im Sitzen kann ich überhaupt nichts tun. IM
MÄRCHEN kommt das Herz auf die Tafel. Seit wann lallen die Leute?
Sie trinken keinen Wein. Oder fast. Wie alle Alemannen spucken
sie ihre Sprache in die Welt. Ein paar Tropfen hängen noch in der
Luft. Es sind erzählte Geschichten. Kein Mensch ist egal. Pillepalle
und paypal. Kein Mensch ist Hegel, Hansi gabs schon immer und
gibts allerdings noch mehr als genug.

3

Das nächste Dorf, bedroht von
einem Kiefernwäldchen, ganz oben am Ziegeldach der Welt. Hier
wohnen die Häusler und essen Kohlestrom. Nachts nahen die Wölfe
und finden ein Reh. Die Lämmer schwitzen in ihren Pelzen. BÖSE

WÄLDER – es gibt ja kaum noch Tiere auf diesem Gelände. Sankt Nimmerlein ist hier nur ein Faktotum, in Saulheim ist es Peter und Paul. Anderswo wurde ein Unterkiefer gefunden und für wahrscheinlich erklärt. Der Finder hat noch den Grubenlehm an den Fingern, als er seinen Lohn vertrinkt. Commandante Schoetensack, was gut war und klar war. Eine Marschmusik gibt es nicht in diesem Ort, keine tanzenden Kamellen. Auch keinen Sternenhimmel, an dem der Orion zu sehen wäre. Komisches Dorf, das vor seinen Bäumen zittert. Komischer Sankt Ziegelblech, der diesen Wald gesät hat. In den Tuilerien, in den Tuilerien, schwören die Hugenotten ihren Dottereid.

4

Das nächste Dorf, nicht mehr Bewohner als in zehn Autos passen, Limousinen der Mittelklasse, die in den Schneemonaten des Jahres 77 fast nie ihre Spur verließen. Damals war der Neckar zugefroren und es passten ca. fünfzehn Doppelkekse (Prinzenrolle) in den Mundraum des Ich-Erzählers. Später wird das Bled übervölkert sein. Jetzt, in diesem deutschen Herbst, steht es wie viele UNTER DER FUCHTEL der deutschen Pferdchenpolizei. Schweinesystem, Beamte, flach wie Stullen. Die Dörfler taten dies und das und lächelten darüber. Wir spazierten über Teer namens McAdam, es waren Helikopter in der Luft, schwebend im Schneckentempo. Hier haben die Krieger ihre Schläuche geleert. Hier wächst gerade etwas, breitet sich aus, weil von einer Landschaft nicht mehr die Rede sein kann. Es füllt sich an mit Wochenendmenschen, monoton wie der Rodgau, die haben die Augen überall, aber von sich zeigen sie nichts. Sie haben Lieblinge dabei, Stadtköter mit Wollhosen, dünn wie ein Strich. Warum sie nicht nass werden dürfen? Dazu später mehr. Am Schluss ist noch Platz für Notizen in Schulschrift, die einem Kuli das Kreuz brechen, einem Kulenkampff der härteren Art.

5

Das nächste Dorf, seine Ungeduld.
Es wurde so rasch gebaut, dass du es nicht lesen kannst. Die Ziffern
liegen jetzt schon schief, wie auf der Tafel eines Pennälers. Beim
Knobeln ist der Stein der Gewinner. Die Frauen aber scharf und
salzig wie EIN TURNSCHUH. Die Männer mir nichts, dir nichts und
hörst du die Türen schlagen, obwohl kein Wind zu sehen ist? Der
Herbst wird rau sein und mit den Farben seiner Blätter knallen. Der
Herbst hat es eilig, ein Winter zu werden. Im Winter kriegt der
Herbst dann keine Luft, dem Dorf geht die Ungeduld aus, qed.

6

Das nächste Dorf, seine Ungeduld,
gebettet in Watte, überschneit mit Styropor®. Man verstand sein
eigenes Wort nicht mehr, trennte sich vom Schweigen wie die BASF
vom Rhein. TAPPERT, der die Finsternis durchmaß ohne Dreck an
den Sohlen. Sein Motto, die Wahrheit ist in den Taschen, nicht
unbedingt in den Tatsachen. Anderes Motto: *Try den Dreier*. Das
waren Sanct Claus, Sancta Claudia und eben Tappert. Wir befinden
uns auf der Wasserinsel der Vorzeit. Ein Schwarzwald wuchs empor,
er sollte Ende des Jahrtausends von Lothar in die Knie gezwungen
werden. Fick dich ins Knie, Tappert! Das Dorf ist der System. *Nick
het system!*

7

Das nächste Dorf und das über-
nächste, zwei Socken, die vielleicht zusammenfinden können. Fried
las Hegel und weinte. Sonntags sind die Glocken dort, wo die Dörfer
ANEINANDERSTOSSEN. Ich bin ein Körper minus Geist, der mir
Vergnügen bereitet. Ich bin noch bitterlicher als Fried. Ich bin die
Stimme, die die Stille strapaziert. Die Dörfer sollen sich vertragen
und wäre es wie Wäsche an der Leine. Und tuts schon mal weh,
weitermachen, das Wichtige weglassen, gewöhn dich dran!

8

Das nächste Dorf, hast du den Mut es zu lesen? Bist du ein Vogelstimmer? Lebst du von Joghurt und Cola oder findest du auch mal einen Stein in deinem Mus? Ich bin ein Cayenne, mein Schwanz stinkt mir zur Nase empor. Es gibt nur EINEN KOSMOS und der ist nicht fern. Es gibt nur eine Ewigkeit. Im Konsum kauft man sich frei. Die Flügel, aufgeregt wie immer. Pampe ist die Festigkeit der Nahrung. Aber wo endet das Dorf, wann verlässt dich der Mut? Es beginnt bei den dicken Birnen. Es ist ebenso ungeschlacht, wie nicht ganz zu Ende gedacht. Hier ist Küche und Kirche eins, davor liegt ein Löschweiher. Bei jeder Religion schluckt man seinen Stolz herunter wie einen Fisch. Nimm es zu deinen Favoriten oder lass es endlich frei.

9

Das nächste Dorf, ich stehe auf einem Turm, ihr hört mir zu. Ich bin die oberste Aubergine, Athlete Mostrich, Godot meiner Großmutter. Meine Leidenschaft ist dieses Häusermeer und die Golfwelt außerhalb. Ihr seid MEIN OHR und irgendwie mein Gewissen. Hier wird noch eingeschenkt, hier gibts Worte, die nach Luft schnappen, als Snack. Ich verlasse den Turm, komme euch entgegen. Ich möchte euch nicht beleidigen, bin aber kurz davor. Ihr wascht euch nicht, kommt einfach her, die Taschen voll Müll. Ihr hasst die Kerle und braucht sie für euren Spaß. Ihr esst geschredderte Natur, ihr seid stolz wie Fähen. An mir kommt ihr nicht vorbei. Ich bin der Jesus aus der Straßenbahn, drohe mit dem Finger. Ich trage Jeans, die euch nicht passen. Ich bin der mit der Knarre, bei dem man immer durchsah.

10

Das nächste Dorf, schlau wie ein Samstag seine Bewohner. Die Kohlköpfe groß, die Straßen eng, Häuser standen im Weg. Man hielt sich nicht lange auf, die Woche

war schon alt. Die Frauen sagten: Unsere Leiber sind die Mauern.
Hat man schon SOLCHE STEINE gesehen? Als Jugendlicher, im
Traum. Selber war man lakonisch oder lapidar, es gab solche
Dörfer, aber man schrieb sie nicht auf. Mündlichkeit hilft uns
nicht weiter, Schüchternheit ist eine Stimme der Unvernunft.
Angesichts der Sünden des Mundes! Der Samstag kickt die Bälle
in die Luft, die jungen Leute fahren auf Mopeds hinterher. Die
Glocken singen Cindy oh Cindy. Mit Kumpels sitze ich in der
Gönneranlage, wir essen Brötchen, gekauft bei einer Schießbuden-
figur. Jetzt kommen sie aus ihren Häusern, ein trauriger Zug. Beinahe hätte ich ein Gebet gesprochen, nur ein Bissen war im Weg.
Ein Gebück, ein Gefolge. Von was? Die Samstage noch immer
satt, langweilig wie Bratenfleisch. Das Ende, der Sonntag, wird hier
noch nicht verraten, obwohl es kein Geheimnis genannt werden
kann.

11

Das nächste Dorf, zerknirscht, ein
Kiesweg auf einem Friedhof. In Wahrheit ist es würdig und recht,
billig und heilsam. In der Dunkelheit hat es sich an den Rhein
geschlichen, jetzt trägt es Schleifchen an den Balkonen. Ich sollte
mal die GELBEN BLUMEN gießen, nicht alle auf einmal. Es trägt
einen freudigen Namen, der hier nichts zu suchen hat. Insekten
kommen kaum, um es zu besuchen. Kein Komet, kein Kommet ihr
Hirten. Wer möchte schon Forellen hüten? Es gibt Gießkannen
und das Wasser plätschert aus dem Hahn. Der Rhein fließt um
die Kurve, machts gut, ihr Toten, viel Spaß beim Altern in der
Kiesgrube. Oder übt ihr euch im Kampf wie zu Lebzeiten in der
Solidarität? Wieso habt ihr Namen wie Gesichter? Wieso ist der
Bestatter katholisch oder laut wie eine Dampfmaschine? Keiner
trinkt hier was. Keiner spricht hier Grubenenglisch. Wirf mir dann
doch den Gnadenknochen vor. Wirf mich Sündenlümmel in deinen
Knotenhimmel.

12

Das nächste Dorf, du findest es in dir, vorausgesetzt, es ist aufgeräumt. Die Leute haben einen komischen Dialekt, sie ziehen die Worte wie einen Marmeladengummi. Am Ende hast du diese ALTE WELT satt, sie liegt außerhalb, aber das hilft nicht viel. Wir sollten die Dinge nicht unnötig vereinfachen. Paris ist ein Dorf, Berlin. Ohnehin müsstest du erstmal ein Päuschen machen, ein Nickerchen stünde an. Das Dörfle kann dich mal. Amusisch, adornitisch, ein Huhn, wer Böses dabei denkt. Amüsant gereimt wie Robert G., gestreift wie der Stripling. Viele Seufzer zu einer Prozession gereiht, über die Brücke geschickt. Wie viel Logik braucht so ein Binnending? Je nachdem, wo es beheimatet ist. Nehmen wir an, eine hohe Schlucht mit Reißwasser, oben knicken die Tannen ein. Nehmen wir an, sieben wilde Lieferwagen und es gibt Mücken. Die Berge eher ein Fragengebäude, in dem es keinen Aufzug gibt.

8

Die notwendigen Dörfer

1

Das nächste Dorf – ich schreibe mal drei davon hin. Ihre Geschichte ist unser Verständnis, wird sie vergessen, ist die Ordnung fort. Tu alles schön an seinen Ort! Die Bewohner sind in den Wald geflohen. Familien, mit sich selber beschäftigt, ängstlich und verwirrt. Ein Fuchs, ein Fuchs, ich habe ihn gesehen! Zwei Dörfer schlafen, denn das dritte ist wach. Kommt noch ein Bote mit ERLAUB-TEM Wein, Dank dir! und geht. Wie der Schnee im ersten Dorf, an einem Tag, als noch keine Tauzeit war. Wie ein Tschüss als Einsteck-tuch. Auch das zweite Dorf ist die Kälte gewohnt. Man wärmt sich an seinem Schnurrbart wie Mara, nur dass es bei ihr ein Schnauzer war. Ihr seht, die drei purzeln zwar, aber sie fallen nicht übereinander her. Drei Bohnen in der Kaffeemühle, es wird eng, weil man geizt und bezichtigt. Kommt raus ihr Schwabos, keiner hat euch gesehen.

2

Das nächste Dorf, man denkt an nichts Böses, schon ist man drin. Die Häuser rücken zusammen, ein Platz wird frei, die Leute sitzen auf ihren Stühlen und berauschen sich an ihrer Sprache. Die Leute, *people, di Litt*. Das Bächle verläuft sich und löst sich auf, es ist voll Krebse. Man könnte jetzt was essen. Die Nässe breitet sich aus, man hat noch was im Kopf. Sag es lieber nicht! Hier ist alles schon einmal gesagt worden. Nur ein kleines Tschüss könnte noch fehlen. Nicht einmal das. Man denkt an nichts Böses und ist wieder draußen. EIN ANDERMAL, dann aber mit Metaphysik. Jetzt lacht ihr, denn ihr wisst nicht, was ich noch auf der Pfanne habe.

3

Das nächste Dorf, man denkt an nichts Böses an der See oder unter Schnee, der Horizont klärt sich mit einem reinigenden Gedanken, eine Art innerer Scheibenwischer, vorausgesetzt, es sind noch ein paar INSEKTEN IN DER LUFT. An dieser Stelle macht sich das Fehlen eines Stehgeigers bemerkbar, die Bustouristen werden unerträglich laut und die See hat nichts als Wellengeräusch und ein paar Shanties, um sich zur Wehr zu setzen. Die Gentrifizierung ist in vollem Gang, die Leute sitzen am Ufer und lassen die Beine ins Wasser hängen oder sie gehen mit Kneipp barfuß im Schnee. Fehlen nur noch ein paar Baracken nach Art des Schreber bzw. kuhle Keulen, denn die Welt gehört niemand, nichtmal meinem toten Po.

4

Das nächste Dorf, so zusammengestückelt, extensiv und keinesfalls aus einem Guss. Als der Brei durch die Straßen kroch, der Krötenteich auftaute. Als Donatello noch ein Schmied war und seine Verkleinerung gelang. Als man LETZTHIN sagte statt *neulich*. Neulich, die kleine Schwester von Topinambur. Rotkäppchen war mit Wein unterwegs, mit Kuchen, um die Wölfe zu atzen. Wenn wir über Mauern sprangen, war das Jüterbog. Die Kälte hatte unsere Instrumente gestimmt. Im Bahnhof saß man aufgereiht, feindlich. Ich mixe hier Dörfer zusammen, merke es nicht. Hallo, hier spricht das Ohr (Jandl). Ich komme aus dem Niederen Fläming und schlage mit den Flügeln. Erzählt ist erzählt, meine Wurzeln sind Stahl und Wolle. Soll einer kommen und sagen: Das kann ja nicht wahr sein. Wir gehen durch den Wald des einzigen Bildes und spannen Spinnennetze auf. Nach Fürstenwalde, Nazis klatschen. Ein kleiner Ärger ist schon eine Steigerung. Wir sitzen im Sattel, noch sind die Hunde angeleint. Bad Wiesbaden, feine Sahne. Mein mexikanisches Haupt spricht mal wieder von selbst, mein Dorfkopp, genährt mit Zuckermais und Avocado. Aus manchen Kernen schlüpft etwas aus, wird groß wie Godzilla, der eine Menge Dörfer niederwalzte, nicht nur aus Plattenbauten!

5

Das nächste Dorf, ich habe es mir anders überlegt. Die Dörfer gehen mir über die HUTSCHNUR, nicht nur dieses hier, alle. Es ist auch eher seine Kritik als ein Dorf an sich. Das eigentliche Dorf, nur ein paar Hütten, keinen Gedanken wert. Plötzliche Verschläge, von Uecker zusammengenagelt. Rückenschmerzen, die man nichtmal ignoriert, eine stumpfe Rasur, so bescheiden ist es. Es ekelt einen an. Der Sand in den Gassen, jedes Korn abgezählt. Anstelle von Grünanlagen baumelt eine Ampel über dem Asphalt des Platzes, der eine Kreuzung ist. Eine Luft, als hätte es mal neben Tomaten gelegen, neben Kohlköpfen im Endstadium und das ist kein Witz. Seid ihr sicher, dass ihr Autobahnen seid und keine Öffis? Seid ihr deshalb noch ganz bei Trost?

6

Das nächste Dorf, in dem die Fenster das Licht zerstreuten. Seit Jahren lag das Laub auf der Straße, ein Wind erhob sich in der Ortsmitte, suchte einen Platz, fand ihn, ein Barbar, schwer wie ein Trecker, in den Gassen. Die Hecken waren vom selben LUFTZUG gepflanzt, schütter, am dichtesten noch bei den Brennnesseln. Ein zweiter hing in den Bäumen fest. Wie kurz kann so eine Luft sein. Das rasche Licht hatte sich bereits um die Häuser gewickelt, ein paar Rehe, die noch im Weizen standen, verpassten den Abend. Ich bin hier der Förster, solange ich keine Kräuter aus Stiefeln trinke. Ich trage einen Tirolerhut und male die Natur an mit einer Hirschpfote. Meine Bilder heißen wie ich, ein Name, der schneller vorbei ist, als man ihn sagen kann.

7

Das nächste Dorf, weißt du, man fand noch eine Flasche in der Erde. Es war ein Geist oder ein hochprozentiges Schiffchen. Eine Kogge. Weißt du, man rauchte Zigarren, gleich neben Koks und Briketts. Weißt du, man WARTETE auf Beckett in Foxrock. Und plötzlich ist alles Spiegelschrift, versteckte Kamera, man ist alt und die Zigarre geht aus. Brecht hatte auch so einen Stumpen im Gesicht. Proust kaute an seiner Magdalena. Gell, das sagt dir etwas, sinnliche Sensation. Im Keller brauchen wir keinen Sonnenschirm, so weit ist es noch nicht. Das Dorf ist immerhin schon archäologisches Gelände, Noahstoff, *hait hab isch de Adam gfunne*. Jedenfalls sind wir hier und pinseln jeden Stein. Wie viele seid ihr denn jetzt, wenn man den Schnaps mal abzieht?

8

Das nächste Dorf: falsch! Falscher noch als wenn man schreiben würde: Der Eindringlich soll getötet werden oder töten. Das Dorf hat keine Schandmauer. Es ist ein Palisadenort der Sioux. Auch Indianer sagen ist falsch. Er dringt also ins Dorf ein und wird getötet. Oder tötet selber. Wen? BEIDES MÖGLICH. Weißt du noch, wie ich der Kleinen in den Mund gespuckt habe? Hier stellt sich die Mitte der Ortschaft in Frage, ebenso das Innere der Dorfbewohner, das nur ein Spiegelbild der Ortschaft ist, bzw. des Oberweihers. Ob man unter Platanen sitzt oder Cola trinkt durch einen Strohhalm. Ob der Eindringlich von einer Bocciakugel getroffen wird, die ihren Flug unterbricht, um ihn zu töten. Ob man kann, wenn man will, ob was dazwischenkommt. So viele Fragen haben Platz in einem Kaff wie diesem? Es sind Pfandfragen, gut für nichts, aber viel Platz nehmen sie nicht weg. Es häufen sich auch die Pflastersteine an der westlichen Seite der Ortsmitte, die, sandig wie sie ist, nur dann zum Sitzen unter Bananen einlädt, wenn kein Wind aufkommt. Muss man an diesem Dorf noch was abschneiden? Kann sein, sonst wird es zu einer Masse mit zerbrechlichem Glashut, weil endgültig unterworfen der Macht der geworfenen, der gewürfelten Latenz.

9

Das nächste Dorf, entblößt, sagen wir, indem es sich verbirgt, etwa zwischen den Hügeln eines Vorgebirges mit menschlichen Formen. Nennt sich Heimat der Eselshaut oder schlicht Nacktarsch, schlicht Frauenmilch. Weinzoten, zahlreich wie das Rebenmeer. Die Stöcke stehen dem Blick im Weg, SAGEN WIR, trotzdem wird das alles für dich entblößt, weil es präsent ist, gegenwärtig und nicht von Papier. Das Dorf mit seinem Maislabyrinth, dem württembergischen Friedhof, den Sträußen anstelle von Besen, schenkt sich nicht dem suchenden Blick. Um wahrgenommen zu werden, braucht es sich nicht nackt zu machen. Es gilt, man grüßt sich, prostet sich zu. In Siebeldingen wird die Birne geschält. Ein infinitesimales *littlebit*, das sich wie eine graue Haut aufs Auge legt. Ein Nanodöner, krass gegurkt, aus reinem Gebirg. Als wäre es wie die Nitribit Frucht von überhängenden Lippen oder ein Zuviel an Schwarte wie im *Fôret Noire* die Vögel immer in der Überzahl sind.

10

Das nächste Dorf gab es einmal, muss es gegeben haben, denn auch Jena ist real und sogar Israel. Der Dichter singt von ihm, wenn ein Schäfer sein Lamm liebt. Fibonacci hat es, gutherzig wie sein Vater, in eine Zahlenreihe gestellt, wir vermissen es nicht, weil es in den Morgenstunden sehr hässlich war. Seit Jahren hatten die Patrizier nicht ihre Zehen gesehen. Sie waren Primaten, stellten als Schmiede den Wein kalt und löschten später das Licht. Die NATUR IST LIEBLICH, wenn die Verhältnisse so sind. Ich habe technisch gesehen Scheiße an den Fingern. Wir haben auch Dörfer, die einer Wirklichkeitsprobe nicht standhalten könnten. Sie sind vielleicht utopisch, wenn man einen Messdiener an der Mauer erwischt, oder sie wurzeln schwer im Muschelkalk. Andere sind punisch und dem Untergang geweiht. Mit allem Drum und Dran, bis in die Tütenmilch. Wenn ich morgens auf die Straße trete, denke ich, auch den Sand darunter muss es mal gegeben haben. Aber die Geschichte ist dicht und schert sich um die Dörfer einen Dreck. Vielmehr flieht sie diese Region, um anderswo zu existieren, rein wie noch kaum ein Zeitphänomen.

11

Das nächste Dorf brauchst du nicht, sonst hätte ich es dir längst gezeigt. Ich stehe vor der Ortstafel, schicke dir ein Selfie. Der Flecken, wie er so dasteht, heißt Necesse Est, und ich muss rasch weitergehen, wer hier stehenbleibt, wird DES DIEBSTAHLS bezichtigt. Wer klaut schon einen Dieb? Man müsste sich schon selbst erwischen. Gut, eine Bohnensuppe mit Kümmelbrötchen, einen Beischlaf, ein gewöhnungsbedürftiges Bier. Leute hängen Wäsche auf und halten sich auch sonst versteckt. Um den großen Platz stehen Schulter an Schulter die Platanen, Bananenschalen im Rinnstein. Durchs Eigentor kommst du herein. Ein Salzfässchen, Sterntaler, die Sünden des Mundes. Du brauchst es nicht, umso mehr spielt es sich auf. Der Schily hätte es verboten, der Ströbele erst recht verstreußelt usw.

12

Das nächste Dorf, wenn du es sehen willst, ruf eine Nummer an. Jetzt heult es schon ein bisschen in den Lüften, ein Staubsaugergeräusch, und dann ist es plötzlich da. Hier macht jede Hütte ihre Musik und die Leute halten sich die Ohren zu. Sie sind Bonny Tyler, sie sind Graham Bonney. Öffnet man sein Fenster, wird eine Art Fahrtwind spürbar, alles ist wie in einem willkommenen Märchen, da sich die Leute SATTSEHEN können. Ein Realitätsgefühl der vitalen Steigerung. Ins Leben gerufen wurde das Dorf durch einen Song, der, mal englisch, mal deutsch, mit jeder Wiederholung fadenscheiniger wurde, wie von Zeugleuten in den Bart gebrummt, ein Text, der in die Birne knallt, und aber dort dann zu summen beginnt. Ein Sausen und Friemeln wie zwischen den Jahren. Oder, seltener, eine wilde Jagd, Frühstückshörner und Margarinegebell, schon immer war Januar *the cruellest month*, ich kann euch sagen, Leute, der doppelte Janus. Und es kommen noch mehr.

9

Die mühseligen Dörfer

1

Das nächste Dorf, wir nahmen es wie es kam, es war nicht Paris. Eher KLEIN, ABER MEIN. Oberkampf, Réaumur-Sébastopol, Barbès-le-Mouchoir, La Cloche des Halles, all das gab es nicht in diesem Dorf. Eigentlich war hier für uns nichts anzufangen, müde wie wir waren, gingen wir selten hinaus. Dann lagen die Straßen zuckrig und mürbe vor unseren Augen, die Häuser schmiegten sich, braun und weiß wie ein Taubenschlag. Meine Katze hat keine Flöhe. Nichts wie weg hier, aber schon kleben wir fest, Teig an den Füßen. Wir, ausgesät in Kackerde, eingefangen mit dem Lasso des Zufalls. Kairos, eben ist er um die Ecke gewischt. Es gibt auch falsche Tatsachen, denen man keinen Glauben schenken mag. Kliniken aus Klinker prägen Prag, wäre so ein Beispielsatz, der ins Auge geht wie ein zwinkernder Pinkerton, ein Splitter vom Balken des Nachbarn.

2

Das nächste Dorf, ich finde es nicht mehr, ich habe es nicht aufgeschrieben. Es liegt vielleicht unter Gestrüpp und ist ganz gotisch bis es, spitz, zutage tritt. St. Bernhard hätte hier gepredigt, man sehe es den Tieren an, deren Mienen sich gegen die Dörfler behaupten können. Wir wissen schon einiges, aber mir wäre lieber, wir könnten es sehen. So ist es aus der Realität in unsere Zerstreutheit gerutscht. Es könnte auch einfach zwischen Buchdeckeln stecken, der Handke hätte es sich ausgedacht, der Hamm einen FILM daraus gemacht, noch bevor es in der Wirklichkeit angekommen wäre. Im Grunde nichts als ein Stapel gefällter Baumstämme, auf denen Peter und Peter Platz genommen hätten, weil gerade ein Sonnenschein darüber lag. Dabei war seine Topographie noch nicht recht deutlich, aber doch so gewiss wie deren Beredsamkeit. Mit Kernseife hat das alles nichts zu tun. Dinge verschwinden einfach, weil wir nicht aufgepasst haben. Die Insekten sind auch schon fortgeflogen. Zu schweigen von Rosalka, die sich eines schönen Morgens über den Acker gemacht hat. Aber das ist geliehene Melancholie, gesprochen aus einem Bart, der die Hippiezeit noch schmeckte.

3

Das nächste Dorf rechnete, rechnete, es war schon um ein Vielfaches gewachsen, weil es sich nicht entscheiden konnte. Das Dorf machte sich unsichtbar, indem es übergroße Ausmaße annahm. Bereits zur Stadt heraufgeschaukelt, platzte es in einen ersten Oktober, der nicht einmal auf zehn zählen kann. Immerhin ist Acht zu haben keine schlechte Option, beinahe hätte ich gesagt, wie eine Ohrfeige aus der Tiefe des Kornfelds. Man bleibt stehen in der gekippten Unendlichkeit, auf der Stelle zur Wendemöglichkeit geadelt, wo das Dorf nun wenigstens seine Ähren AUSKLOPFEN könnte, wäre es nur Dorf geblieben. So ist der Raum sofort zugeparkt. Die Leute haben aber schon lange nichts mehr gegessen. Die Zahlen magerten auf den Scheinen, verloren ihre Farbe und erhielten ihre notorisch schlanke Gestalt.

4

Das nächste Dorf, ich weiß nicht, ob ich euch das schon erzählt habe. Ein gesuchtes Findeldorf, Bürokaff, in dem nicht nur ich geboren wurde. Ein Probeweiler aus STOFF UND ERDE, nur, was für ein Stoff? Neufundland, anfangs rissiges Grün, das alles überwuchert, und später dann Himbeeren oder war es gestochenes Blut? Hier soll keiner Eintritt haben, der sich nicht bückt. Ich weiß nicht, habe ich schon mal Tom Dooley gesungen? Noch vor dem Morgenrot waren wir auf den Feldern und sahen die Pflanzen wachsen, die Reben, das Zuckerrohr. Wir grasten das Vieh, schüttelten Eicheln, Kastanien. Etwas ging in mir auf, ungesät und spät. Ich weiß es nicht, das Dorf weiß es nicht. Wissen kann es, wenn, die Wiese. Betreten des Rasens, anderswo eine Prärie, von Rindern gestampft. Was hat hier ein französisches Wort zu suchen? Was will es da? Das Dorf soll sich schnell nach Westen verziehen, bevor wir es uns anders überlegen.

5

Das nächste Dorf, ich weiß nicht, ob ich euch das schon erzählt habe. *Hoorig, hoorig, hoorig isch die Katz*, sangen wir und der Wind drehte sich um die Kerzen wie ein Welpe. Die Outdoor-Wolken dagegen halb opak, halb mit Vögeln gefüllt. Wir waren Kinder, aber unsere Gedanken wussten alles. Vanille, auch KASERNENSTAUB genannt, oder heute binden wir einen Krawattenknoten. Wir saßen unruhig auf Stühlen, wir hockten zusammen, aßen Sitzfleisch mit Pferdepaprika. All die zusammengebettelten Fressalien, der Spranz hat uns eine Frau gebacken. Hat die Bosch das Dorf konstruiert und in die Wirklichkeit gebracht? Der Eisenbiegler wars, der hats gebaut, der Bimbel. Hütten, keine Höfe, ein Bach, kein Flusslauf, Unkraut, keine Blumen. Hast du etwas davon gegessen? Ich möchte es bloß wissen. Hast du es im Mund gehabt? Schlucks nicht runter. Spucks aus! Gibs mir! Gib her das Dorf, es ist nur Luft und ein bisschen gekaufter Sellerie.

6

Das nächste Dorf, wir verstanden nicht recht, wo es denn liegen sollte. Es gab keine Notwendigkeit und doch war es da. Am Ortseingang die Baustelle, ein paar Lampen an einigen Hölzern, kurz – lang – kurz. Wenn mir ein Dorf sehr schwergefallen ist, dann dieses. Auch noch die NÄCHSTEN METER verstanden wir nicht. Dann, immerhin eine Kirche, egal welcher Konfession, dann eine Feuerwehr zum Davonlaufen. Wir sagten: Apotheken pflasterten unseren Weg. Wir waren Wagenbach und ein paar Gesellinnen. Wir waren Rötzer, Krieger auf dem Weg zum Brunnen. Die lange Zeit hatte uns zu Freunden gemacht. Wo liegt es nun mit seinen Nebelwänden? Und wenn es uns nichtmal gefällt? Wo ist der Dschungel, den dieses Dorf lichten könnte? Die Mönche schuften unter Lianen. Lass los, Dorf, geh zurück auf die Alb. Schaff dich zu deinen Linsen, zu deinem Getier auf Beinen.

7

Das nächste Dorf, der Situation abgelauscht, also launisch, mal lau, mal Graupelschauer. Dies hier muss ich deutlich schreiben, sonst heißt es hustet statt unstet. Die Nachbarin hängt die Wäsche auf, später kommt der Zaunkönig mit seinem Nachwuchs. Gleich UM DIE ECKE wohnt Grimmelshausen. Ich so: Esst das Brot, dann ist es weg! Gehts noch, soll ich helfen? Auf den Balkonen ziert sich die Jugend, sie gähnen wie die Finsternis, obwohl sie Zähne haben. Sie können nicht noch mehr Snickers. Derweil versauert ihr Humor im Freien oder in den Garagen.

8

Das nächste Dorf gibt keine Ruhe, gibt keine Ruhe. Die Hunde des Nachbarn sind nichts dagegen. Die Leute hausen IN IHREN KADEN, die früher mal die Backöfen waren. Alles Essbare wird von ihnen verschluckt. Du versuchst es mit Baldrian, mit Zureden, mit der Polizei. Die Leute husten dir was, sie pusten den Kuchen aus der Toilette direkt aufs Trottoir.

9

Das nächste Dorf im griechisch-römischen Stil. Es bräuchte vier Arme und eine gymnosophische Nacktheit. Hier hat der Kran von Schifferstadt gewohnt und um die Ecke wurde der Borissel zusammengefickt. Ein Bach müht sich durchs Dorf, das flach ist wie ein Pfannkuchen, schleicht UNTER KOLONNADEN hinweg. Auf dem Plätzel stehen die Explainer und lassen sich von den Strategen versäckeln. Ich bin der Dritte von links, habe mich auf eine Apfelsinenkiste gebaut und wäre lieber dumm geblieben. Ich predige die Ruhe vor dem Sturm. Ich predige die sieben Brücken des Schweigens und die Asche danach. Blume-peterle, jetzt du. Ich sage: Vorsicht, du leckst. Bei dir kommt Wasser raus. *Kaaf mer ebbes ab!* Das Dorf hat Wohnungen aus gebackenem Marmor im Bonanza-Stil. Es stellt die Skulpturen, wo früher Einfahrten waren. Es kennt keinen Tunnel, der Berg ist hier zu. Ich bin der Rosmarein, du die fette Schwarte. Ich bin der Binsebub, du das Dogma des Intervalls.

10

Das nächste Dorf schlief montags auf einem Bild im Museum der Ungeduld, was dem Aufsichtspersonal nicht erlaubt war. Viele ungeschälte Feen waren hier installiert und, wie gesagt, ab Dienstag standen einmal Habichte in solchen undichten Sälen. So verging die Zeit, die auf Erden. Hättest du die Fähre noch erreicht? Die Nachbarn unterhalten sich mit Zurufen über den Fluss. Es ist Fuckyou in verschiedenen Sprachen, ich lass dich Barbi-Scheiße fressen usw. Der Habicht, DER HAT NICHT. Ganz selten kommt ein Okay oder ein entsprechendes Lachen, stechend wie von alten Möwen. Mitunter ein Lastkahn, der teilt den Rhein, damit er dann dem Neckar gleicht. Es gibt auch Türme, an denen der Blick hängen bleibt, einsam ans Ufer gestellt, seit romanischer Zeit, als man Kirchen baute wie Garagen. Sankt Castor, der Bieber, Sankt Piripiri, Sankt Nimmerlein. Apollinaire muss es wissen, er verschlief seine Montage auf diesem Bild. Ein Weiler war von stachligen Pflanzen umwachsen, Kriechzeug, nesselsaure Algen, der Abschaum des Waldes breitete sich aus, während wir im Bahnhof die Kohlen verspeisten. Das Personal muss ja auch mal verschnaufen, es soll sich auch nicht zu sehr zurücklehnen, damit es nicht einrostet. Wobei Apollinaire auch kein Name ist, nichtmal ein Gott. Die Natur sah ich mit Ungeduld, der Liebe pflegte ich achtlos. Ich aß Hydrate, der Rhein stieg an und trank die Türme aus, es war noch immer Montag und das Dorf schüttete sich aus vor Müdigkeit.

11

Das nächste Dorf, beinahe hätte ich was gesagt, aber die Welt hat nur ein Rauschen gehört. Es kommt von allen Seiten, denn überall stehen noch Bäume. Das Dorf ist ein eingezäunter Bezirk, schmuck mit seinem Holz, in der Mitte ist das Eisen spitz und schmerzhaft. Wie einmal die Dietrich Ohrfeigen verteilte, ihre Hand groß und flach wie eine Pizza Lollobrigida. Ich habe nicht viele solcher Dörfer, aber das hier lässt mich NICHT ALLEIN. Ich sage etwas, dann kommen die Leute heraus und drängen sich um die Laternen. Schweige ich wieder, gehen sie nachhause, um Mehlsuppe zu essen. Die Bäume stehen wieder einsam wie zuvor, die Befestigungen des Waldes zerfallen schon seit Wallenstein. Ich, der Trutzkaiser, gehe wieder zu meinem Kreuzwort zurück. Die Leute schaffen es nicht, sie fehlen mir kaum. Manchmal ein Wind, auf den zu warten ich mir nicht abgewöhnt habe. Beinahe hätte ich gesagt: Das ist mir gar nicht mal so unwurst.

12

Das nächste Dorf, was man so alles denkt, Ideen von Leuten, zusammengetragen auf einem Platz. Dann ausgepackt und aufgestellt, die PAPPE möglichst gleich wieder gefaltet. Es ist zum Lachen, wie sich hier alles drängt. Da vorn stellen wir unsere Räder ab, drinnen ist es zu eng. *Do hocke die wo immer do hocke.* Jetzt könnt ihr mal sehen, was dem Scheusal so alles einfällt, wenn es Geschichte spielen möchte. Wenn der Weltgeist mal aus der Fassong ist. Was das Hänschen nicht lernt. Wie sollen wir den Tag überstehen? Wo kommt all das Plastik her, das wir in Tüten stopfen müssen? Habe ich richtig gezählt? Wir sind viele und essen Maleten?

10

Die gesegneten Dörfer

1

   Das nächste Dorf, manche wollen
hier Ordnung schaffen, andere nehmen sich eine Nase voll und
treten dann ab. Wie immer hatte der August ein Milchgesicht, die
Bänder flatterten im Mai. Oft war in den Pflanzungen schon der
Morgen angebrochen. Wir, FRISCH GEBACKEN und den Schlaf noch
in den Augen, suchten den Schatten der Obstbäume, an denen die
Bienen sich gütlich taten. Wir rupften die Zweige, es war Erntezeit,
Tabak wuchs schon über die Straße. Habt ihr alle eure Fratzen
dabei? Seid ihr in den Interferenzen? Sprecht ihr *unsri Sproch*,
babbisch und den Wiederkäuern abgelauscht, als wärt ihr Rinder-
zehen? Habt ihr die Klötzel verstreut und eingewurzelt?

2

   Das nächste Dorf, Ton in Ton, wenn
die Sonne mal draufschien, sonst eher so unwahrscheinlich wie
eine Modenschau. Ein Haufen Kleider auf dünnen Gliedern. Eine
zurückgelassene Zeltstadt, besungen in einer Sestine. Das Dorf war
als TEXTIL durch Finger gegangen, imprägniert mit einer Milch.
Sehr historisch, aus dem Mund einer Oma, die man nicht mehr versteht, weil sie keine Zähne hat. An Fäden laufen die Mannequins,
das Dorf ist mit Nadeln umzäunt und wenn die Bewohner bei Laune
sind, pfeifen sie was.

3

   Das nächste Dorf, Passwort verges-
sen, dann klopfen wir halt Karten. Wir wohnen, wo es am grünsten
ist, in den Alpen. Na, Alter, gut gespachtelt gestern? Wer bringt uns
auf neue Gedanken? Ein anderes Dorf, faul wie eine COUCH? Die
Alpen sind ja hohl und die Gletscher platzen. All das falsche Silber-
papier! Da kommt Hans Test mit dem Universalschlüssel. Jetzt spielt
der schon Klee und ich habe ein schwaches Blatt. Karo der Hühner-
hund, herzlich lacht die Tante, Picus, Picus. Kürzlich haben sie einen
ausgegraben, der hat immer noch gemischelt.

4

           Das nächste Dorf, wir hätten schon ein bisschen Zeit, aber es fehlt uns der Mut. Die Tiere machen es uns vor, die KINDER IMITIEREN UNS. Fenster und Türen haben wir genug, an Sitzgelegenheiten fehlt es uns nicht. Wir können Kirchen erklären und eine Frau glücklich machen. Wir können die Zukunft an Hemdknöpfen abzählen. Gegen jeden Schreck haben wir ein Glas Wasser. Es ist kühl und wir sitzen nicht gut, das hilft ein wenig, wenn auch nicht sehr.

5

           Das nächste Dorf, gefällts mir oder gefällts mir nicht? Die Vernunft gerät in Wallung, angesichts eines solchen Fragenweilers. Ich fürchte, es könnte ein Dschungel sein. Auch wenn man sich nur am Rand herumdrückt. Durch dieses Dorf muss ich durch, ob ich will oder nicht. Ich kann lüften, lüften, lüften, es riecht dennoch nach mir. Entspricht es meiner wuchtigen Natur? Passt es mir wie ein Handschuh? Nein, lieber nicht. Ein Vordorf von Heidelberg? Etymologisch wie Mulhouse? St. Vitus, der die Perspektive in die Länge zieht. Das Mühltal, mühselig bebaut von dicken Architekten. Schon ein geniales Dorf, aber es gefällt mir nicht die Bohne. Obwohl ich hier mal schmuck war. Wir verzieren die Vergangenheit mit schönen Dörfern, die uns niemals gefallen können. Wie eine Musik aus einem dunklen Klavier. So kehre ich zurück, anders und froh, bleich wie die HAUT DES BETONS, bei dem es darauf ankommt, was aus ihm wird.

6

           Das nächste Dorf, gefällts mir oder gefällts mir nicht? *Hic sunt leones*, zur Nacht lese ich ihnen vor. Von den Aprikosen, dem Geschlecht der Mandelbäume. Wenn sie endlich eingeschlafen sind, trinke ich Luft. Ich schnappe nach dem Hering wie der nach der Fliege. Das bisschen Sand kehre ich zusammen, wir sind hier ja nicht im ZOO. Lass uns HÜTTEN bauen, hörst du, Herr? Im Norden, wo ein Regen fällt, könnte ich den Robben vorlesen, den Seehunden, *huus möchlich*? Die Löwen aber lieben schlechtes Latein. Ich werde ihnen eine Messe lesen. Und wenn sie aus dem Gestrüpp hervorbrechen? Die Bauern hauen das Heu. Dünne Halme, dünne Tannen, dünner noch als der zugehörige dünne Mann. Oder die Dünen an der wässrigen See. Sind wir in Dünkirchen mit schlanken Glocken, wie es sie heute nirgendwo mehr gibt? Die Klöppel kamen unten raus, Glocken als Klosterfrauen, mit diesem Geläut anstelle der Beine.

7

Das nächste Dorf, ein Trinkgeld von Proust, eine Anleihe bei Cocteau, dem Gockel. Den schönsten Nachruf soll sich jeder selber schreiben, hier, in diesem Weiler, vollgestellt mit dem trockenen HOLZ DER WIKINGER. Hier haben sie die Kreuzrippe erfunden und Eva war mit solchen Schuhen unterwegs. Meine Frau hat fast dieselben an, ich gehe nebenher mit dem Trippelschritt eines Schopenhauers. Der Schope durfte sich nichtmal ein zweites Glas bestellen. Geschweige denn, er hätte es bezahlt. Andere trinken ihren Wein aus zu schmalen Flaschen, blinzeln in die Dämmerung, als ob das was hilft.

8

Das nächste Dorf, hier blüht nichts und der Lorbeer treibt nicht aus. Reine Wasserverschwendung. Die Dörfler haben keine Zeit, den Dörflerinnen ist es zu viel. Die Bäuerin, die meckerte, sie könne nicht ruhn. Soll man den ganzen Tag Glocken läuten? Soll man Holz machen, immer das Pfötchen in der Tasche? Ich sage jetzt den Brüterich, ich tanze den Oswald über die Stiege. Ich stelle der STIEGE ein Bein. Wer jetzt kein Haus baut. In diesem Dorf ist die Sprache ein Rinnsal. Der Rilke hat hier gehaust, Kommunarden flohen einst durch dieses Dorf, direkt über

Rilkes Veranda, der nur die Tür anlehnte. Dagegen kann man nichts haben, es ist halt überall geflickt. Durch die Löcher deines Gewandes. Sei wie das Veilchen. Dudorf. Spornstreichstiege. Lakonische Brevitaslüge.

9

Das nächste Dorf wiederholt sich, wiederholt sich in einem nahen Kleingebirge. Huchel am Hähnlein, der hinkende Bote vom Zug aus gesehen bei einer Geschwindigkeit knapp über Null, die den Reisenden wahre Froschaugen ins Gesicht setzte. Namentlich Achtum und Einum, da wohnen Leute mit abwechslungsweise mal einem Brummen hinter der Stirn, mit einem Rollkragen darunter. Kalefeld/Echte, wie man den Wolf fängt. Wie man sich auf einen Hocker setzt, um einzuschlafen. Augen haben wie ein Mercedes und durch die Landschaft schlendern, die, irgendwie verwischt, ihre Ebenbilder nachahmt. Eine Serie der UNÄHNLICHEN ÄHNLICHKEIT. *Sitzi, sitzi Bina!* Mach dir ein Deinesgleichen aus einem stabileren Material. Mach dir einen Namen und pfeif drauf ein Lied.

10

Das nächste Dorf, in dem es aus ist mit der Freundschaft. Ist das hier ein Bulldog oder ein Traktor? Du rennst ja, Alter, treppab durch die Welt. Die Leute aus Hainfeld lachen sich kaputt. Hier macht das Land gleich MEHRERE BUCKEL und der Rücken des Himmels drückt sich durch auf jeden Feldweg. Jetzt also Schluss mit lustig. Strümpfe auf einmal zu eng, die Hosen zu schwer für ihren Träger. Das Dorf, direkt unter einer Bruchwolke gelegen. Schluss mit: Ich komme ein bisschen später. Schluss mit jedem Bisschen. Vorbei der schöne Dorfkrug, gleich hinterm Brunnen. Fertig mit: Unter dem Pflaster. Wie man Revoluzzer wird. Schluss damit. Es soll auch keinem mehr die Luft in der Nase stocken, wenn er Wednesday sagt. Aus, fertig, zu viele Flecken auf der Krawatte, die sich oben zusammenzieht. Zu wenig Zuckerle fürs Pferd und keine Gründe mehr für ein Weiterso.

11

Das nächste Dorf, hat es überhaupt noch Platz auf meinem Block? Immerhin hat hier die Welt begonnen. In seiner Mitte eine Verkehrsinsel, wo man einst die Leere erfand, um sie dann zu füllen. Nicht alle waren froh über ein solches Trumm an UNIVERSUM. Damals war ich ein Schorsch, ging in einer Kluft umher und zupfte an meinem Lederknoten. Die Jahre standen an, es waren Myriaden von größeren und kleineren Jahren. Fantastilliarden. Mein Block aber ist endlich, also kariert. Das Dorf, wenn man es auf die Rückseite einer Briefmarke schriebe, dann könnte ich es hier noch unterbringen. Hier ist keiner größer als ein Vaterunser. Sind es geringe Leute, können sie leicht ein Dorf bilden. Immer haben sie etwas zu essen, wenn nicht, stellen sie es her. Herbei ihr Leute, es ist ein Collegeblock. Nicht geklebt, aber vor einer Spirale. Es wird auch keiner bei einer Zoom-Sitzung masturbieren. Es würzt auch keiner die Gurken mit Salz und Pfeffer, um sie dann wegzuwerfen. Ungeladene Esser haben hier keine Chance, denn der Block ist schon voll, wenn er auch kein Boot ist – noch.

12

Das nächste Dorf zwar in einer Kiste, aber in keinem Korb. Was gibt es noch? Man kann es nicht wissen, denn die Kiste ist zu. Wissen / *videre*. Da die Kiste aus Pappe ist, kann der Inhalt nicht sein: feucht, wertvoll. Es sind auch keine Luftlöcher zu vermuten. Der Rest dürfte also nicht lebendiger sein als das Dorf an sich. Das seine Luft selber macht? ABLUFT UND ZULUFT kommen aus dem dorfeigenen Schacht, den kein Feind je gesehen hat. Was hätte neben den Geißlein noch Platz in dem Karton? Dorfstraßen, ein Bach, Hütten und die Sparkasse, Leute mit karierten Hemden, weil sie stempeln oder machen. Ein, zwei Hunde sind schon genug. Das Dorf muss insgesamt weich sein, sonst würde es rappeln im Karton. Ein typisches Trachtendorf? Liegt es in einem Polder? Sprechen die Dörfler durch die Nase, haben die Frauen einen Kropf? Sie sehen aus wie du und ich. Halb so elegant wie Scheck und Güçel. Schlagen sie im Frühjahr ein paar Robben tot oder haben sie scharfe Messer, um sich den Fisch von den Lippen zu schneiden? Jetzt springt wieder die Heizung an, also Inuit können es nicht sein, geschweige Eskimos im Anorak. Wir vermuten Palmen, immerhin ist es eine Überraschungsbox. Wir machen sie nicht auf, bis wir gegen Spinnen geimpft sind, aber schnell!

11

Die sprichwörtlichen Dörfer

1

Das nächste Dorf, ich sitze noch höchstens fünf Minuten, dann gehe ich ins nächste Haus und esse Bratkartoffeln. Ich werde euch sagen, was mir so einfällt. Habt ihr schon eine neue Frisur? Einst ging ich, um die Dörfer zu vergessen. Ich bin DER DESERTEUR. Ich bin Erfinder des Sparkassenlineals und der Zeit in diesem Abschnitt. Ich trage schwer an einem Brocken Barock. Wie ihm das Wort von der Zunge gesprungen sei. Wie er sich aus einem Sack befreit habe. Wie er einmal mit sich selber Stäbchen gegessen habe. Wie ihm die Fähigkeit, zu frieren, abhanden gekommen sei. Wie eines Nachts alle Namen einen Kran gebildet hätten und dann umgefallen seien usw. Aber auch: *Nebuzar-adan*. Triftige Wasser, oberflach wie ein Spaten. Seid ihr alle da? Kann einer mal auf den Abbruchknopf drücken? Selbst im Greinen zufrieden zu kriegen sind die nicht, garantiert leihen sie sich ein Wort zum Heulen beim großen Panettone.

2

Das nächste Dorf, Archiv der zu grüßenden Gesichter. Du bist ein Meister des Nickens, bist geboren im Land des Lächelns, an der Grenze zu den FRÜCHTEN DES ZORNS. Als Kind sagtest du schön *guten Tag* zu jeder Kluft. Und mach einen Diener, den man dann streichelt. Verschleierte Frauen, böse Nasen, die dich beobachten beim Stressen von Mädchen, die die Brüste zeigen, einen Hintern haben. Veronika. Du nickst ab, was dir hier entgegenkommt. Das Dorf stellt viele wahrhaftige Gesichter zur Verfügung, es heißt nach einem Schloss mit den schönsten Alleen, die von Bäumen auf die Erde gesetzt wurden. Es ist nur im Krebsgang real, ein Erinnerungsdorf, lesbische Insel, einem mythogenen Traum entsprungen, der zwar auf Rosen verzichtet, aber auf Dornen niemals.

3

Das nächste Dorf sah aus wie verlorengegangen, neu erfunden, wieder verlorengegangen, notdürftig rekonstruiert usw. Aufbau der Replik mit Hilfe einer Akkordanz. In den Ruinen RUHT DIE MECHANIK an einer Böschung, eine reibungslose, beinahe geölte Stille, überworfen von einem Netz aus Nähten fernöstlicher Lötung. Dass man sich hier den Zeigefinger abbeißt, verwundert nicht. Dass man sich ergriffen fühlt von kontingentem Schwindel. *How to use chopsticks*, man hält sich daran. Man spürt in sich ein Trommeln in der Dunkelheit, bis man den Schalter umlegt. Wenn der X… ein Zimmer betrit, schaltet er nicht das Licht ein, sondern die Dunkelheit aus. Jedes Wort mit X gehört ihm. Das Dorf, ein Container aus lauter verlorenen Vergangenheiten, wie sie mit der Kon-Tiki einst zu den Osterinseln segelten und dort auf den Riki-Tiki-Tawi trafen.

4

Das nächste Dorf, hier wäre man gern der Mann im schwarzen Mantel dort an der Brüstung eines Balkons, aber hier ist man ein halsbrecherisches Eichhörnchen. Der Teufel ist ein Eichhörnchen. An einem Reservetag wie heute gibt es Pizza bestrichen mit Nutella. Pilze wachsen gleich links hinter der Kirche, ein neuer Rasen erschwert dort die Auferstehung des Fleisches. Man stand halt lang auf dem nackten Boden. Das Dorf ist eine der umständlichen VORSTELLUNGEN, die aber ganz real in Häusern neuerer Bauart untergebracht sind. Gezeichnet mit einem feinen Strich des Härtegrades B, entworfen unter flackernden Straßenlaternen, ist das Dorf aus Balkonen gefertigt, wie an jedwedem biblischen Ort, dann zwischen Sträucher gesetzt, die eine eilends gestrichelte Hecke bilden könnten, ein Gebück.

5

Das nächste Dorf, zwiebelsüchtig
wie das Barock, ein Brocken im Harz, totes Holz, das ständig Feuer
zu fangen drohte. VOR DEN TOREN lauterte Tilly, ganz Tulpe. Till,
eine Kurzform von Dietrich. Ich bin der Schlüssel an einem Bund,
isunu. Ich habe keine Zeit, ich sage euch ab. Es waren Jahre der
verschobenen Zusammenhänge, Kontinente knirschten mit den
Zähnen, die Amazonenströme verfolgten ihren Lauf unter der Sahara.
Es gab Vögel, denen das Fliegen schwerfiel usw. Wir auf hohen
Stelzen, aber gestikulierend. Säulensitzer, Heimwerker. Linden-
züngler. Ich soll dir schöne Grüße sagen von Martin Z. Ich habe dich
gesehen, du hast einen Fisch zerlegt. Ein Kran wird aufgebaut, ein
Porsche überholt in einem Anfall von Trunkenheit die Mandelblüte.

6

Das nächste Dorf, ein Fels in der
blauen Karibik, eine Hütte an einem Weg. Auf der Kreuzung ein
Mann mit Armen wie Windmühlen. *Zon ho, zon ho, ho zon ho,* sang
er in den stockenden Verkehr. DAS RAD wurde erfunden als eine
Form, die vom schreitenden Bein abstrahiert. Autos wurden bald
zu Hütten auf Urlaub. Ein Polizist nimmt die Bewegung nicht als
Antrieb, sondern um den Verkehr zu ordnen. Wenn ich mir die
Nägel schneide, fließt vielleicht Blut. Ich gehe über die irdischen
Inseln der Karibik, wie meine Hand gleich einem Hund über die
Seite gleitet. Ich kann wie Amina jeden 42er rasieren, zuhause oder
im Heim, ich muss nur oft genug ziehen.

7

Das nächste Dorf hat es schon ein-
mal gegeben, wir wussten bloß nicht mehr, wo. Man sieht halt
vieles nicht. Sätze wachsen in ihm, fremd, ORAKEL, kleine Gebete,
Textikel, die man nichtmal einstecken muss. Was der Engländer

einen Hintern nennt, ist für uns schlicht ein Zettel. Arno Schmidt lässt grüßen, aus der Einöde. Na und, Dörfer gab es schon immer, es wird sie auch immer geben, solange der Mantel aus Materie sie erträgt. Ursprünglich in den Wald gesetzt, meiden sie jetzt sogar die Lichtungen. Lieber lungern sie im Weichbild der salzlosen Vorstädte herum, heißen Unterzögersdorf, Großmugl, Unterrohrbach und Muggensturm.

8

Das nächste Dorf, man möchte die Burschen nicht mehr sehen! Kritik der Melonenstädte, der versteckt nachwachsenden Hölzer. Kritik der LILIEN AUF DEM FELDE. Kritik der Bauchbinden, der Honigprotokolle, der Fuchsschwänze und der Trikoloren der Farbe Blau, die rein, hart wird. Kritik der Freiheitsbäume, der Fahnen *die Bauren müssen trauren!* Oh alte Dörferherrlichkeit, wohin bist du entschwunden. Nie kehrst du wieder vor der Zeit so froh und ungebunden. Vergebens spähe ich umher, ich finde deine Spur nicht mehr. *O quae mutatio rerum.* Kritik der bösen Leute ohne Lieder. Kritik der bösen Lieder aus dem Bier der Bärte. Kritik der Fritten, Edelknitter.

9

Das nächste Dorf, schöner als Deutschland, als eine Strecke am Fluss. Man verkauft Kehricht, Manna aus MANNHEIM, Süßigkeit, von Engeln zusammengefegt. Die Dörfler sangen: *Austern bleiben wir zuhoose.* Die Bäckerin ist nicht mehr in ihrem Laden? Sie war katholisch und scharf auf Männer. Wer backt ihr jetzt eine Laugenlampe? Wer strickt ihr ein Universum? Ich habe die Beine gezählt und durch vier geteilt. So nimmt auch meine Herde Reißaus, was mir bleibt: ein Schwarm Sperlinge der hinteren Qualität. Indien war mal duftiger, Preußen ordentlicher, die Schweiz war mal eine Sau.

10

Das nächste Dorf, schöner als Deutschland, hier wird ein STEMPEL statuiert. Auf dem Willy verkauft ein Großmaul sein Obst, es ist Montag, mein Inneres flimmert der Gemüsetochter entgegen. Humor von Erwachsenen, man muss das ertragen. Ich werfe Weißglas in den Container, der geht ab nach Czernowitz. Ich setze aus lauter Restdörfern einen Willy zusammen, der von den Behörden aufgelöst worden war, aufgelassen wie das Gelände an einem Credoblaster.

11

Das nächste Dorf, Pathos, Pat Garrett jagt Billy the Kid. Einen Ring mit zwei blutroten Steinen ließ ein Seemann in Hamburg zurück. Ich mache Ordnung in MEIM KOPP. Das Dorf ist ein Feger, mir direkt über die Trommelhaut. Wir treten zum Beten, es ist Preußen, aber mit dem Arsch gedacht. Etepetete, *épater le Bourgeois, I have a hole in my pocket.*

12

Das nächste Dorf, als Test nachhause kam, wollte ihn kein Hund erkennen. Die Freier lagen in den Hauseingängen, führten Selbstgespräche, telefonierten. Wie ein Meer kam der Neckar zwischen den Häusern durch. Ein paar Frauen begegneten ihm und fragten nach einem Amt, das alles *für umme* gibt. Sie hatten unterm Sofa EIN PAAR PILLEN gefunden und vorsichtshalber geschluckt. Leute, der grausamste Berg wohnt auf dem Mond und nicht dahinter. Die Freier packten und rollten auf ihren Koffern davon. Test fand ein Boot, aus einem Baum gefällt und einem Stamm geschnitzt. Von seinem Bett waren nur ein paar Späne geblieben, Reliquien aus Köln und Venedig. Jetzt ist Ursula der Faden gerissen, der Teppich schnurrt zurück, ein Knäuel. Das Dorf, so groß es ist, umfasst nur einen Tag, aber der hat es in sich.

12

Die aufgegebenen Dörfer

1

      Das nächste Dorf, im Überschwang, jawohl, im Überschwang. Deleuze, ein kleiner Finger war sein Zeigestock. Man sieht seine Frau in einem noch kleineren Spiegel auf dem Kaminsims, eine sporadische Zigarette rauchend. Deleuze hustet mehr, als dass er spricht. Sie stellt Fragen. Die mageren Jahre sind vorbei. Die fetten Jahre sind vorbei. Das Aleph wurde bei Gott vorstellig, man habe es von seinem ersten Platz verjagt. Gott DROHTE mit seiner Schöpferkelle. So ein Dorf hält alles fest, was ihm in die Quere kommt. Hier schlafen die Hunde auf Bänken mit der Pfote überm Gesicht. Es ist ein Stühlerücken im Alphabet. Ich bin ein Antipode, mein lyrisches Nichts gleicht mir bis aufs Ei. Ich bin im Gegenüberschwang, ein Spiegelfüller. Zucker und Zimt, Geschichte davon. Ich bin Deleuze-Tröster, Flüsterer im Lispelsaal.

2

      Das nächste Dorf hatte seine Luft schon verbraucht, bevor wir von ihr kosten konnten. Hat es sie einfach abgelassen? Oder im Gegenteil angefüllt mit Unluft? Wir sehen das Dorf in seiner Senke, es herrscht AUSNAHMSWEISE NEBEL, aus dem nur ein paar spitze Häuser herausragen. Die Menschen gehen lieber nicht aus, etwas in Flaschen haben sie noch. Der Bürgermeister ist ein Tauchsieder, es ist eng hier wie im Film *Das Boot*. Aber auf der ganzen Welt geht es ja eng zu. Der Nebel ist schwer oder er klebt am Boden fest. Vorsicht, Leute, jetzt kommt eine Lieferung von den äolischen Inseln. Haltet euch fest, eure Brillengläser sind schmutzig und das Meer hat mal wieder Lust auf Feigen!

3

      Das nächste Dorf, tatsächlich wie die anonymen Anden, wie dumme Gedanken im Schlaf. GLAGOLYRISCH. Darüber einfach nur *lazy clouds*, die Leute sitzen im Auto, paarweise mit bösen Gesichtern. Auf dem Platz von Obernai stehen die Leute von Niedernai, die Heckklappe schon gebleckt, ungeduldig auf die Uhr starrend. Sind das Cordilleren oder Odenwälder? Kommt hier doch noch ein Fluss vorbei? Das Dorf aber verschließt sich den Lieferanten. Kauf nicht mehr, als du tragen kannst. Iss, bevor du hungrig bist. Die Anden sind raus, sie hätten ein paar Cocasträucher zur Verfügung gestellt, die Rhodopen hätten gekontert mit was weiß ich. Aber der Hettche hätte sich gesträubt. Das Urmel hätte gezuckt. Die Puppen hätten gekaspert dazu.

4

Das nächste Dorf, in dem man bei jedem Schritt einsinkt oder abrutscht, als hätte der Teufel das Verstehen geholt. Da vorn sehe ich ein Ding, glänzend wie EINE SCHERBE, bereitgestellt für einen Elstervogel oder eine diebische Hornisse. *Rucken auß Braband, Händ von Cölln / Den Arß aus Schwaben, küßt ihr Gselln* (Fischart). Ich strecke meinen Arm aus als eine Art Schnabel, aber das Ekeldorf, eine Müllhalde, lockert seinen Boden, vielleicht mit einer Chemie. Ein Bimbo ist in Italien ein Kind, in Deutschland ein schwarzer Mensch, in England eine Blondine. Magdalena wäscht mir die Füße mit ihrem Haar. Ich vermute das Dorf an einem Hang, damit eine Prozession hinaufschnaufen kann. Andere, in der Ebene, werden einfach so weggebaggert, weil ihre Erde brauchbar ist. Die meisten Dörfer sind unverständlich, aber fest in die Landschaft genietet.

5

Das nächste Dorf, der Mann auf der Treppe, ein Sitzriese mit abstehenden Ohren. Was will er da, es gibt ja kein Meer, um darauf zu blicken. Einmal saß der kleine Henscheid neben mir, das war aber keine Treppe, sondern eine Buchhandlung. Henscheid, weniger als ein Eichhörnchen. Der Mann macht eine Miene als hätte er Nüsse versteckt, der Tag hat gerade begonnen, es ist aber schon warm. Das Dorfgrün wächst in den Himmel empor, mit den Tieren hat man etwas zum Lachen. Es wohnen hier auch Leute mit einem Dialekt. Sie reden ein Husarenfriesisch, das klingt wie aus Ohrstöpseln, also es beginnt im Mundraum schmal und trocken, rollt sich dann aus zu einem Klangteppich, weich, knotig, bis es das ganze Dorf überdeckt WIE EIN HURRIKAN, allerdings mit Fröhlichkeit oder Beschwernissen, je nachdem. Dazwischen Glockengeläut, Uhrenschlagen, *mansplaining*. Freude der Dörfer. Man fragt sich, wo die Sprache ihr Fett hernimmt, ihren feuchten Glanz, die Herbstfarben, die sich unter die Konsonanten mischen. Do Mi Si De La Do Re. Auf Stufen sitzend, schauen wir der Wäsche beim Trocknen zu. Der Baum glänzt, die Vögel glänzen, die Wäsche trocknet sich erst quadratisch, dann rund.

6

Das nächste Dorf, wo ich das erste Mal den Namen hörte, wo ich zum ersten Mal Hans hieß oder Otto. Ich verstand nicht, war noch ein Baby, Erich Langschwert, der Wikinger. Ich war Shakespeare, ich war ein Rabauke wie Clemens Setz. Ich hatte ELTERN, die wohnten in Garagen, meine Mutter aß die Clementinen vom Himmel weg. Nicht nur das menschliche Gehirn möchte sich mitunter kringeln, auch die Erde schlägt Falten und Täler. Ich bin mal wieder zu schnell, der erste Name steht noch im Raum, er möchte nicht verhallen. Moment, ich bin nicht ganz bei der Sache. Man möchte kein Tyrann sein in diesem Dorf. Einer isst seine Suppe, der andere bläst sie wieder kalt. Es kommen die milden Winter. Ich war ein Baby, Leute, das kein Marmeladenglas aufkriegte. Dem Dorf sieht man es nicht an, geschweige denn mir.

7

Das nächste Dorf, durstig liegt es in seinem Tal, es ist eine Zeit, als die Schimpansen noch Fossilien waren und die ersten Menschen noch nicht wussten, wie man schläft. Hör auf, stopp! Den Leuten wird das schon zu viel. Das Dorf im Tal, die Hitze, es hat Durst. ALLE FLASCHEN sind noch verkorkt, das Universum nach dem Big Bang kaputtgespart, Mangelwasser kommt in Massen, es kann nicht getrunken werden, weil es steigt. Hör auf, die Leute, es sind schon einige aufgestanden. Also das Dorf schleppt sich so durch den Tag, faul und gefräßig liegt es in besagtem Tal. Trinkfest und arbeitsscheu, aber der Kirche treu, die Männer. Hartschaffig die Frauen. Immer ein Schwämmchen in der Hand. Felder sind nicht zu bestellen, das Dorf liegt in einer Wüste, angelegt von Ameisen, die kennen keinen Schmerz.

8

Das nächste Dorf von Kränen in die Höhe gebaut, hier hat nichts mehr Platz. Motorengeräusch, Vogeltöne, schreibt man Krähen oder Kräne? Im KLEINSTEN KAFF wäre Platz für ein Bierchen, hier nicht. Die Leute reden so daher, aber nicht zur Unterhaltung. Sie gehen aufs Feld, dann sind sie aufgeräumt. Es reicht gerade mal für ein paar Nudeln, die sich in der Packung ringeln. Katzen, gut, Hunde mit Schleifchen. Die Bäume in die Länge gezogen, wachsen bis ganz oben. Ihr Schnitt erheitert die Piloten der Strecke Frankfurt – Paris, wenn sie nicht donnern, was ab und zu passiert, z. B. über Ramstein.

9

Das nächste Dorf, schreib was und sei es nur ein Strich am T (Beyer). Du hattest den Kopf anderswo? Ist auch kein Hingucker, also was soll ich schreiben? Dass es sich nicht zeigt, wenn die Dunkelheit es mal verlassen hat? Dass die Leute die FENSTER SCHLIESSEN, wenn du damit begonnen hast? Die Vögel fliegen auf, aber die Hühner bleiben stehen. An Mut hat es dir nie gefehlt. *Logic's hell* (Russell). Fuck, frz. Robbe. Eine Sandbank, um sich zu lümmeln. Der rote Sand, kaum ausgestorben, schon auf der Briefmarke. Schreib was und sei es nur so ein Pünktchen am B.

10

Das nächste Dorf, verflixt und zuge-
näht. Die Kerle über den Löffel balbiert, Sack Zement, die Mädchen
bis an die Zähne angefüllt mit totn Sprachn. Die KEIN MENSCH
mehr versteht. Die Vorgärten von Anno Tobak. Zurückgesetzt die
paar Bungalows in lateinischem Fundament. Sie reden also ein
pathetisches Patois, aus dem kein Bier zu machen ist. Nichtmal
Tschitscha oder ähnliches. Eine Bahn führt in einen Stollen, wo die
Staubstummen schuften. Eine Quitte klärt die Luft, versucht es.
Wer sie nicht riecht, hat auch ihr Fleisch nicht verdient.

11

Das nächste Dorf, verflixt und zuge-
näht, steht ganz in der Kritik von Constantin, der es in den *Amen
Corner* gestellt hat, ein Herrgottswinkel nicht weit vom Saarbacher
Hammer, und wenn Julian Apostata nicht vorbeigekommen wäre,
um neopaganisch aufzuräumen, dann stünden die Katholen noch
immer mit dem Blick zu den Brettern, mit denen hier die Welt ver-
nagelt ist, um zu warten bis man sie täuft und täuft und wiedertäuft.
So aber kam der PURITANISCHE ESEL etwas zu spät, weil die
Luschen wieder ihre Steingötter umtanzten, anstatt sie zu steinigen,
wie übrigens in Trier geschehen, und in St. Étienne, dessen Bewohner Stéphanois zu nennen sind. Versteh mal einer die Sprache der
Religion, das Brockendootch aus Francofurto, wo der Kies die Farbe
von Erbsen hat und man am Mainufer einen geblasen kriegt, ob
man will oder nicht.

12

Das nächste Dorf an den Hängen,
direkt über dem Rotliegenden. Hier war der Merlot ein weiches
Bett, der Syrah rannte aufgeregt drüber weg. *Le machiakh arrive.*
Le Beaujolais Nouveau. Rue des Rosiers, Rue Montmartre. Wir sind
die Arbeiter im Weinberg, wir vergraben DIE TALENTE. Ein kleines

Lied, das man sich nicht merken kann. Ist es der Lärm, der ihm zu Kopf steigt? Der Brei, der ihm hochkommt? Und wo ist der Kopf des Dorfes? Die Erde schiebt sich unter ihm weg, gäbe es nicht die Reben mit ihren Drähten, wäre es schon längst in diesen Falten verschwunden, die hier die Landschaft ausmachen. Gäbe es nicht die Esel im Weinberg, gäbe es nicht die Winzer, die auf die Botanik pfeifen. Aber es gibt sie, wie die Aprikosenbäume, wie den leisen Wind und die irenischen Kutteln, wie das Sofa zu zweit.

Inhalt · Biographie

Teil I

Teil II

Hans Thill, geboren 1954 in Baden-Baden, lebt in Heidelberg. Er veröffentlichte zahlreiche Lyrikbände, Anthologien sowie Übersetzungen aus dem Französischen. 2004 wurde er mit dem Peter-Huchel-Preis und 2021 mit dem Basler Lyrikpreis ausgezeichnet, 2013 hatte er die Poetik-Dozentur der Universität Mainz inne.

Hans Thill ist Leiter der jährlichen Übersetzerwerkstatt *Poesie der Nachbarn, Dichter übersetzen Dichter* sowie Herausgeber der gleichnamigen Reihe. Seit 2010 ist er künstlerischer Leiter des Künstlerhauses Edenkoben.

Zuletzt veröffentlichte er die Anthologien *Aus Mangel an Beweisen, Deutsche Lyrik 2008–2018* (Wunderhorn 2018, mit Michael Braun) sowie *Biologie des Gedichts. Gedichte aus Spanien* (Wunderhorn 2023). 2014 erschien sein Prosaband *Buch der Dörfer* (Matthes & Seitz). Zu seinen letzten Gedichtbänden gehören *Ratgeber für Zeugleute* (Brueterich Press, 2015) und *Der heisere Anarchimedes* (poetenladen, 2020). Im poetenladen Portal setzt er *Stelen*, mit denen in Form eines Gedichts verstorbener Lyrikerinnen und Lyriker gedacht wird.

Foto: Dirk Skiba